JN026949

Slide Method
@ Times Square, New York

ニューヨーク発

最強英語発音メソッド

音声ダウンロード版

Haruka Moriyama
モリヤマハルカ
著

クロスメディア・ランゲージ

はじめに

この本は、海外で通じない日本語訛りに悩む日本人が、最短２週間で本格的な英語発音を習得するために、ニューヨークで開発された「スライドメソッド」を、わかりやすくまとめた本です。

「英語の舌の動きは難しいなあ」と感じて、発音を諦めたことがありますか？　もうご安心ください。日本人にとって、本質的な英語発音は驚くほど楽なのです。

赤ちゃんは１歳前後の頃、「んま〜んま〜」とヨダレを垂らしながら言葉を話し始めますね。この頃は私たち日本人も、英語にとても近い口と舌を持っています。舌はババロアのようにプルプルで、あごはふんわり落ちていて。この「んま〜んま〜」は英語の mama とほぼ同じ音質なのです。

その後、少しずつ大きくなると、日本人の子どもは「日本語を話す」という筋トレを始めます。日本語の口の使い方は独特で、口周りの表情筋、そしゃく筋、舌筋が強く連動し合い、舌を固めあごを速く振り回す、スポーツのような言語です。日本語の早口言葉で、あごの動きがキツイと感じた経験はないでしょうか。

一方英語では、あごはふわっと落としたまま、舌を馬のしっぽのようにしなやかに動かします。そもそも舌を固める日本語の口のまま、英語の舌の動きをすること自体に無理があったのです。

日本語の筋肉連動をスルッと解いて英語ギアに切り替える「スライド」を取り入れれば、日本人でも英語発音を楽に早くマスターできるようになります。本書ではその方法を具体的にお教えします。

英語をゆっくりはっきり堂々としゃべれますか？

「スターバックスで『Water』と何度言っても通じなくて、最終的には『W-a-t-e-r』とスペルアウトすることに…」

「robotが通じなかったのが大変ショックでした。会社ではロボットを造ってるのに…」

「渡米して5年。毎日をどうにかこなせてはいるものの、自分のカタカナ英語に自信がなく、"Huh?"と聞き返されるたびに萎縮してついモソモソ話す自分にもどかしさを感じていました」

「もっと明るく自分を表現できればいいなと思ってはいましたが、控え目というイメージを払拭できずに、仲良くなりたいと思っても人との距離を縮められず残念な思いをすることがありました」

「英語でトラブルシューティングの電話をするのも怖くて…。自信がなくなると不思議なことに声も小さくなり、英語もどんどん伝わらなくなります」

これらは、ニューヨークで英語発音の壁を経験した生徒さんたちの、生の声です。発音の壁は同時に、心の壁を作ります。私自身も過去に同じ壁を経験しました。"Excuse me?"と相手に聞き返されたら最後、こちらがその単語を繰り返すほど、相手の「？」は大きくなっていきます。どの音をどう強調するのか、その調べ方すらわかりませんでした。

こんにちは。私は2000年よりニューヨークで、日本人対象に英語発音指導をしている、モリヤマハルカです。今日はこの本を手に取ってくださり、ありがとうございます。

私はいわゆる「バイリンガル育ち」ではありません。大学を卒業後、演劇留学のためニューヨークに渡った直後は、英語の発音でとても苦労しました。そんな中、アメリカ人アナウンサーや舞台俳優に標準語の発音を指導する発音矯正専門家、グリーン先生との縁を得ました。

その後、発音矯正の奥深さに開眼し、グリーン先生から7年間、生徒として、さらには発音矯正指導者としての教えを受け続けました。その間に指導者として免許皆伝を得て、発音矯正のプロとして活動を開始しました。

日本人の舌が固まる理由は何とここに！

はじめの数年間の特訓は、「日本人は舌をうまく動かせない」と言われ、あごをこじ開け舌を無理やり動かす、筋トレのようなものでした。「英語は疲れるなあ」。そう思い込んでいたある日、アメリカ人の口元をこっそり観察してみると、ゆるみ切った口周りの皮と肉。大きなマシュマロを口にくわえたようにぶら下がったあご。舌だけが、器用にしなやかに動いているではありませんか！

「日本人の舌が不器用なのは、舌を固めているためかもしれない。もしそうなら、筋トレとは逆に、筋肉をゆるめる必要があるのでは？」長年のダンスの経験から直感を得た私は、渡米から4年目のある日、日本語の口の動きが英語発音にどう影響するのか、独自の研究分析を始めました。そして、日本人の口周りの筋肉連動（総称して「日本語連動筋」）が英語発音を邪魔していることがわかったのです。

さらに、唇周りのある皮膚を少しツルッとスライドさせたとたん、この連動がゆるんで、英語発音が格段に楽になることを発見しました。早速グリーン先生に報告し、日本人の口という視点から見た英語発音のメカニズムを、改めて分析し直しました。2001年のことです。

ニューヨークの駆け込み寺で育まれた「スライドメソッド」

私は何よりも教えることが好きで、2003年のグリーン先生からの独立後も、アメリカ人の先生の矯正で効果の出なかった日本人を中心に、英語発音を教え続けました。ニューヨーク在住のビジネスパーソン、学生、主婦、俳優、アナウンサーなどに、英語の口の開け方の秘密やゆるんだ舌の動かし方を教え、同時に生徒さんたちの発音の悩みを聞き続ける毎日。それらの悩みは私自身の渡米直後の苦い経験とも重なるものが多く、同じ苦しみを理解し合える安心感からでしょうか、日ごろの緊張がスルッと解けてレッスン中に悔し涙を見せる生徒さんもたくさんいました。

そうこうするうちに気づけば、私の発音研究所は「英語が通じないショック」に打ちのめされるニューヨークの日本人たちにとって「発音矯正の駆け込み寺」となっていたのです。

私は生徒さんたちの実例から「日本語連動筋」のタイプを分類し、練習方法と効果を細かく記録し続けました。2011年にはNYの私立学校の教師グループに1年間の協力を得てリサーチを行い、英語のネイティブスピーカーには日本人の持つ「日本語連動筋」が発達していないという仮説を裏づけることができました。

このような地道な研究と活動、紆余曲折を経て、「スライドメソッド」は現在の形に発展しました。このメソッドは、日本人の典型的な間違いを防ぐため、シンプルに厳密に作られています。だからこそ日本人に深く理解され、再現性があります。日本語を母語としない人や、バイリンガル育ちの人は、このメソッドを感覚で理解できず、必要性を感じられないかもしれません。

正しい発音は自信に

「カタカナ英語が海外で通じないと知っていたら、さっさと発音を学んだのになあ…」。そんな生徒さんの感想を日々聞きながら私が思うことは、「英語を学ぶのなら、発音を最優先すべき」ということです。他の英語学習をいったんやめて集中的に発音をマスターすれば、その後の勉強の効率が何十倍にも増します。正しい音で覚えた単語をそのまま使い、国際社会で堂々と活躍できるのです。

日本にいながらにして、正しい英語発音を学べるようになれば、日本人の国際的な活躍を妨げている英語の「壁」が大きく崩れる時代が来ると信じています。

発音を学べば、リスニング力も大幅にアップ

発音はリスニング力に直結します。例えば、いったんyearとearの発音の違いを口で学んでしまえば、聞いただけで耳が認識できるようになります。卒業生から「TOEICで955点が取れたのは発音矯正のおかげです！」「英検1級、無事に合格しました！」などの嬉しい報告も、続々届いております。

ところが、英会話だけで発音は改善しない

発音はリスニングを助けますが、英会話を何年も続けるだけでは、発音はほとんど改善されません。生徒さんの中にはアメリカ人の配偶者を持ちながら、発音矯正に

通う方もたくさんいらっしゃいます。カタカナ発音の影響を受ける日本人の場合、正しい発音は自然には体得できないものだからです。

発音の習得に、耳も年齢も無関係

発音の習得に、耳の良さも年齢も関係ありません。歌が苦手でも、バイリンガル育ちでなくても、若くなくても、しっかりマスターすることができます。

必要なのは、
1）「日本語連動筋」を使わない口の開け方を知り
2）その開け方のまま英語発音を学ぶ

それだけです。そうすれば大人でも簡単に、正しい英語発音を学べます。「筋トレ」が作る日本語と「スライド」が作る英語。皆さんがその本質的違いを知り、発音コンプレックスを解消するお手伝いができれば、幸いです。

この本を、私の恩師でありニューヨークの母と慕った、故ミリアム・グリーン先生に捧げます。

NY スライドメソッド　モリヤマハルカ

本書の対象読者
日本語を第 1 言語とし、英語発音に日本語訛りを持つすべての人、特に英語発音の初中級者を対象としています。

※本書は、2018 年に出版した『ニューヨーク発　最強英語発音メソッド』を、CD ブックから「音声ダウンロード版」に変更した新版です。

Contents

Chapter 3 子音「英語の質感を作る」

Chapter 4 二重母音「英語のリズムを作る」

Chapter 5 リンキング「滑らかな英語発音を作る」

プログラムの全体像と進め方

このプログラムは、音声、動画、テストを併用し、テキスト（本書）のページに沿って進めます。DAY 1 ～ DAY 14 に区切られていますが、進めるペースはご自由に調整できます。修了時には、各音を正しく発音するための口のゆるめ方 / 音の作り方はもちろんのこと、単語やフレーズの発音の仕方、発音記号の読み方や綴りと発音のルールまでわかるようになります。

全体的な流れ

DAY 1 ～ 4

英語の口の開け方である「基本位置」を土台に、発音の支柱となる単母音（10 種の英語の音色）を固めます。これでリスニング力がグンとアップします。

DAY 5 ～ 11

単母音を復習しながら子音（英語の質感）を学びます。進めるごとに、完璧に言える単語が急増します。

DAY 12 ～ 14

最後に、英語のリズムを感じながら「二重母音」を学んで全音制覇です。単語と単語を列車のように「リンキング」でつなげ、音節の強弱を加えれば、一挙に滑らかな英語発音になります。

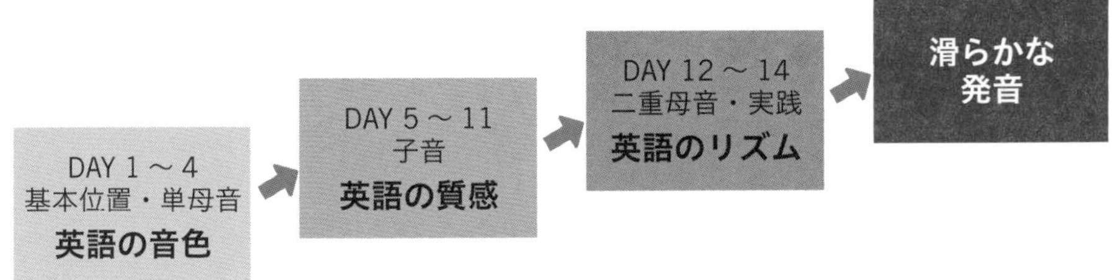

音声 / 動画を使った学習方法

各項目の構成

各音の紹介と例文、解説

各音の発音の仕方を学びます。日本人が英語を発音するためのコツ、注意点と確認の仕方などが書かれています。

比較練習

似た音や、似た音を使った単語を練習します。

テスト

次に進む準備ができているかを確認するページです。動画を観ながら行ってください。

音声について

・◎ Track 番号が書いてある箇所は、英語の音声のご用意があります。slidemethod.com の「本の購入者はこちら」－「音声を聴く」のページの音声リンクからダウンロードしてお聴きください。

・◎ Extra #番号が書いてある箇所も、slidemethod.com の「本の購入者はこちら」－「音声を聴く」のページに音声リンクがあります。

・また、AI 英語教材「abceed（エービーシード）」(https://www.abceed.com/) で本書のタイトルを検索して、音声を聴くこともできます。

・音声を聴きながら、後に続いて声を出して練習しましょう。ナレーションは私の他に、ニューヨークの演劇界で活躍するベテラン俳優、ローザリー・パーヴィスさんとデイヴィッド・リードさんにもご参加いただきました。
ナレーターがゆっくり読んでいる箇所では母音の音色や子音の質感に集中し、少し速めに読んでいるダイアログでは音質のことはいったん忘れて音節の強弱リズムに集中して発音するなど、その時々で意識するポイントを変えていくと、より効率良く本格的に英語発音を学ぶことができます。

・各音の例として、発音記号の後ろに載っている「代表単語」は、ナレーションでは “ʌ as in up”, “ə as in above” のように読まれています。

・「比較練習」の見出しは、ナレーションでは “Contrast Drill” と読まれています。

動画について

・Video 番号が書いてある箇所は、slidemethod.com の「本の購入者はこちら」－「動画を観る」のページの動画リンクを観て理解してから始めましょう。
動画はできるだけ早い時期に観るよう心がけ、動画と一緒に口の形や舌の状態を作った上で正しい音が出るかを確認し、チェック項目を口が覚えてしまうまで繰り返し声に出して練習しましょう。

・テスト①～⑩は、英語発音の要点をどのくらい理解できたかをチェックするための動画です。
ゲームのように気楽に、全問正解になるまで繰り返すことで、重要なポイントが自然に記憶に残ります。

音声・Extra音声のダウンロード、動画レッスン、テストなどは slidemethod.com へアクセス！

発音練習の習慣をつける

効果の表れと「ドミノが倒れるとき」

プログラム後半に入ると、「スライド」を頭でなく実際の感覚でつかめるようになり、効果を自分でもジワジワと感じられるようになるでしょう。それまでは効果が発音に表れなくても大丈夫です。突然訪れる「ドミノが倒れるとき」（連動する筋肉がドミノのようにバタバタと倒れ、舌がしなやかに動き出す瞬間）を楽しみに、淡々と進めましょう。

成功に必要なのは、日本人に真に合ったメソッドで、継続できる習慣のみ

正しい英語発音への道のりは、富士山やエベレストのような登山ではありません。険しい山道を登って頂上を目指す登山靴は脱ぎ捨てましょう。お気に入りのスニーカーを履き、あなたの家と近くの公園を行き来する程度の、小さく楽しいルーティーンだけを、とりあえず一定期間継続すれば必ず成功できます。

なぜって、重要なのは「脱力のコツをつかむ」、それだけだからです。

ルーティーンの作り方は人それぞれ。曜日を決めて、お風呂に浸かってのんびりくつろいで勉強する人、通勤電車で1日15分ずつ続ける人、図書館に通って2週間でやり切る人、お昼休みに公園のベンチでお茶を飲みながらやる人もいるでしょう。自分なりの「楽しいから、やる気になる」習慣をつけるために、「いつ」「どこで」やるかを決めます。急用が入った場合の第2候補だけ、念のため決めておけば準備はバッチリです。

あなたの楽しい発音練習ルーティーン：

いつ：＿＿＿＿＿＿＿＿＿＿＿＿＿＿＿＿

どこで：＿＿＿＿＿＿＿＿＿＿＿＿＿＿＿＿

第2候補：＿＿＿＿＿＿＿＿＿＿＿＿＿＿＿＿

「型」

正しい英語の音を作るための条件を「型」と呼んでいます。「型」さえしっかり作れば、完璧な英語発音になります。
それぞれの「型」は、**「笛」**＋**「舌」**＋**「天窓」**＋**「声帯」**の組み合わせでできています。

1.「笛」＝ 口の開け方です。

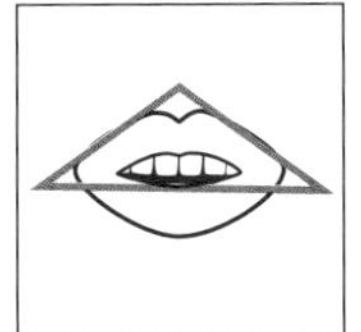
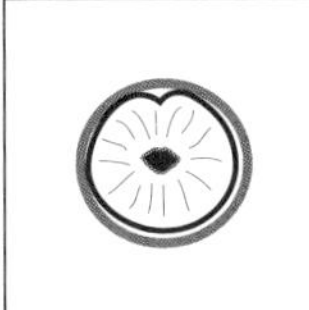

5 種類あり、これだけ正しく作れれば正しい英語発音を奏でる楽器の出来上がりです。

2.「舌」（13 種類）を 1 の「笛」に合わせると、完璧な英語音が出ます。どれも、**脱力した舌**が土台になっています。

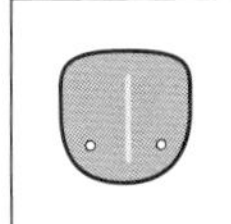
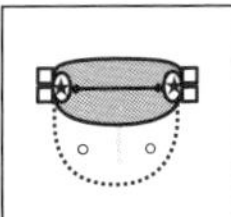
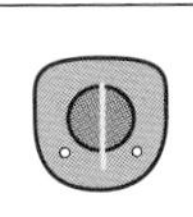

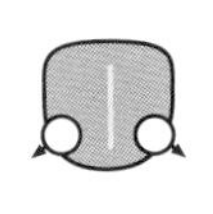
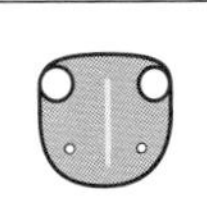
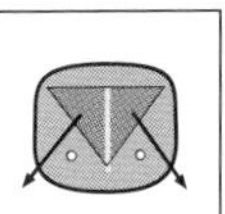
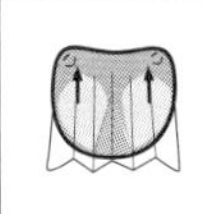
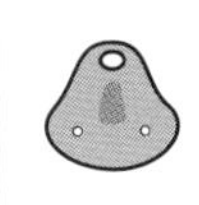
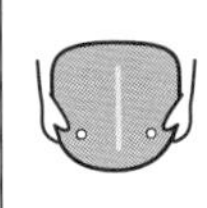

それと、忘れてはいけないのが、3.「天窓」と 4.「声帯」です。

3.「天窓」の状態は **2 種類**あります。下図①のように、「天窓」(円で囲んだところ)が上に閉じると息は口を通り、②のように下に開くと息は鼻を通ります。

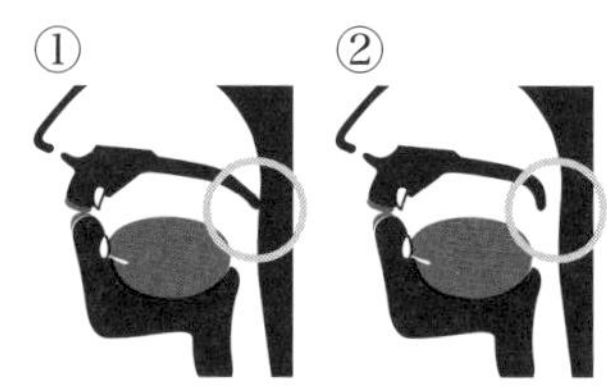

4.「声帯」の状態は **2 種類**あります。声帯が鳴る有声音と、(内緒話のように)鳴らない無声音です。

歯の番号

本書では、歯の番号(右図)が舌の形状の目安(メモリ)として頻繁に使われます。上下共に真ん中から上歯③、下歯①というように数えます。

口の部位

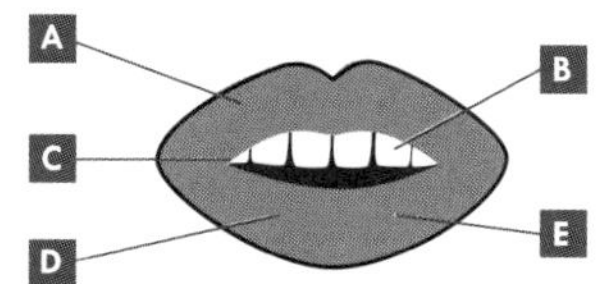

B 上歯

E 隠れた下歯

断面図の見方

断面図を参考にする際は、注意が必要です。例えば右の図はいわゆるRの音を作るR舌の断面図ですが、その形を真似ようとすると舌先が動き出しませんか？　実際は舌先はゆるんだままで、断面図上には表れない舌の横の部分をピンポイントで動かすことで、結果的に舌先も引き上げられるのです。断面図を見るだけでなく舌横の状態についても、他のイラストや説明部分で確認しましょう。

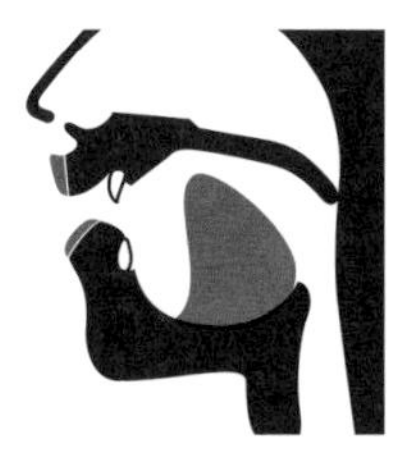

型チャートの読み方

各音のページに、このような表の「型チャート」があります。

（母音例）

単母音 8	型		
	1 笑い笛	2 舌ハム小	
A I B it C 短め		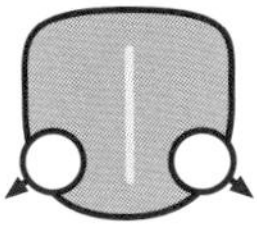	D 

（子音例）

滑音 2	型				
	1 三角笛	2 R舌			
A r B red C 滑音		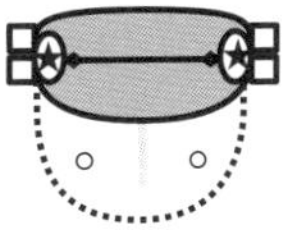	3 窓閉	4 有声	D 

A 発音記号（IPA）です。書いて覚えましょう。

B その音が使われている単語の一例（代表単語）です。覚えるとリスニング力に直結します。

C 母音の項では強さや長さが、子音の項では破裂音・摩擦音などの種類が書かれています。

D 口の形のイラストです。

以下は「型」を作る条件です。

1 笛（口の開け方）の種類です。全 5 種類。

2 舌の種類です。全 13 種類。

以下は、母音セクションでは省略されています。

3 天窓（鼻への通気口）の開閉状態です。母音はすべて天窓が閉じたままなので省略しています。子音では、鼻音の3音 (m n ŋ) のみ、天窓が開きます。

4 有声音 / 無声音です。母音はすべて有声音なので省略しています。子音には、内緒話のように声帯を鳴らさない無声音もあります。

ゴリラ対ゲリラ戦 ── 調べて楽しい発音記号

「ゴリラとゲリラの英語発音はどう違いますか？」と聞かれたことがあります。

今、「ゴリラはゴリラで、ゲリラはゲリラじゃないの？」という答えが頭をよぎった方にお聞きします。あなたが今思ったのは、英語ですか？　日本語ですか？

ゴリラもゲリラも外来語で、**日本語発音**です。では英語発音はどうでしょうか。辞書で調べてみましょう。

gorilla : gərɪ́lə　　　guerrilla : gərɪ́lə

その通り。この2単語の発音は、同じです（辞書によって発音の表記が多少異なる場合もあります）。発音記号が読めると、英語はとても親しみ深いものになります。

本書で使われる発音記号 IPA

発音記号（IPA）は国際的に統一されていないため、新しい教材や辞書を手にした直後、少し戸惑うこともあるかもしれません。しかし、ご安心ください。本書で使われる発音記号は、日本の英和辞典（ジーニアス英和辞典、オーレックス英和辞典、グランドセンチュリー英和辞典など）で頻繁に使われるものを参考にし、最大限近づけました。

さらに、複雑な記号については見た目をシンプルにし、知らなくても困らない記号はすべて省きました。アメリカ英語の標準語発音をマスターするためには、これだけで十分です。

発音記号からリズムを直接感じるために

○母音と、音節つき子音のみに、色をつけました。
例：sǽləd　bənǽnə　kítn̩
本書の発音記号を見れば、音節（英語リズムのビートを打つ部分）がどこにあるのか一目でわかります。

○強調されると特に長くなる母音の右隣に、ː をつけました。
例：ɚː uː ɔː ɑː iː
この音節では、息を遠くに飛ばすように発音しましょう。（息の吐き方は、動画で説明しています）

○日本の英和辞典と同様に、アクセントマークは母音の真上につけました。
英語では強弱リズムは特に重要です。多音節語（音節を２つ以上含む）のリズムを教えてくれるのが、アクセントマークです。

単語で一番強く発音する母音の真上に、第1アクセントマーク（右上がりの斜め線）がつきます。

例：

綴り	adult	seven
発音記号	ədʌ́lt	sévən

そして2番目に強く発音する母音の真上には、第2アクセントマーク（右下がりの斜め線）がつきます。

例：

綴り	waterfall	millionaire
発音記号	wɔ́ːtɚfɔ̀ːl	mìljənéɚ

単音節語のアクセントマークを省いた理由

辞書によっては単音節語（1つの音節でできたもの。例：cup, bird, done など）の唯一の母音にも、アクセントマークがついているものがあります。

実際の英会話の中で単音節語が強く発音される可能性は、五分五分です。どの単音節語を強調するかは文脈で判断する必要があり、見分け方は本書の実践編（p.217）で詳しく説明しています。

言わんとすることが相手に伝わるように、単音節語の強弱をつけることで、英語のリズムが自然に生まれます。本質的な英語リズムの習得に重きを置く本書では、本来必要のない単音節語のアクセントマークは省きました。

発音記号の簡単な覚え方

正しい発音と共に発音記号を覚えておけば、**辞書1つでどんな単語も完璧に発音できる**ようになります。その自信ほど、英語学習のモチベーションを高めるものはありません。発音記号と代表単語は、セットで覚えれば簡単です。発音に親しみが感じられ、体得が10倍早くなります。

次の表は、単母音（英語の音色）のすべてです。これくらいなら、簡単に覚えられそうな気がしませんか？　ニューヨークで私のコースを受講される方は、はじめの3回のレッスンで、これら単母音の記号を、口の作り方と共にすべて覚えます。皆さんもこのプログラムのテストを繰り返すことで、簡単に覚えることができます。

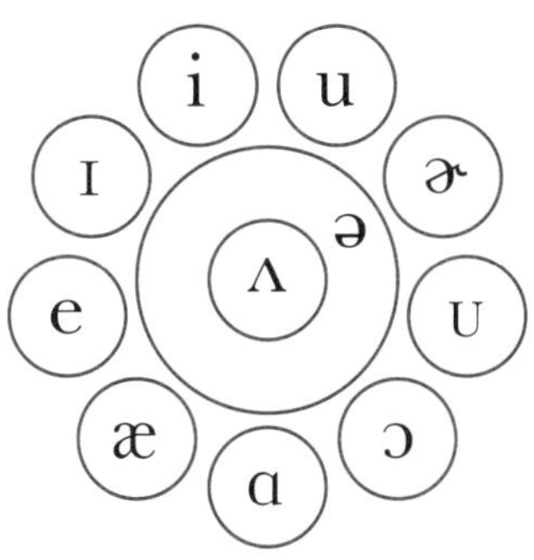

筋ゆる先生の挨拶

はじめまして。僕の名前は『筋ゆる』です。東京在住、コテコテの日本人。

専門は、神経–筋運動学・発声学で、世界中からクライアントが来てくださっています。

これから皆さんと一緒にスライドメソッドを科学的に証明しながら実践します。

顔の筋肉のことなら誰よりも詳しいのでお任せを！

ちなみにギターも弾いちゃう二足の草鞋です。

スライドメソッドの体験談

報告1 40代男性　製薬会社経営

矯正前：体験レッスンは、今までの考えを根底から覆させられる瞬間でした。「英語を話すときの基本位置さえ押さえれば、あとは舌の動きで劇的に発音が改善される」ことをまさに身をもって体験することになりました。

効果：レッスンを始めて1カ月経過した頃でしょうか、当時NY滞在中のメンター（ネイティブ・MBA講師で月に2回ほど面会）から、「君の今日の英語はこれまでと全く違う。ずいぶん良くなっているね。この2週間で何をしたの？」と褒められました。即効性があることに驚きました。わずか2カ月弱のレッスンでしたが、海外の国際会議でのプレゼンテーションでも自信を持って発表できるようになったことは、大きな変化の1つです。

報告2 30代男性　商社勤務

矯正前：商社で事業投資やファイナンスの仕事をしています。会話をするとき、話したい文章は頭に浮かぶものの、それをうまく発音することができず、歯がゆい思いをしていました。

効果：日常会話でネイティブに聞き返されなくなったときや、頭に浮かんだ文章を口からすらっと出せたとき、昔習った英会話の先生に「ずいぶん発音が上達したけど何をやったの？」と聞かれたとき、TOEICで955点を取ったとき、海外育ちの妻任せだった英会話を自分にも任せてもらえるようになったとき、電話で声だけのコミュニケーションが成立したときなど、様々なシーンで効果を実感しました。かつてない手応えを感じたことを今でも思い出します。

報告3 40代女性　俳優

矯正前：12年ほど前に渡米しました。言葉を扱う仕事なので、アメリカンスタンダードアクセントを身につけることは絶対条件です。私も他の俳優さんたち同様、たくさんのグループレッスンやプライベートレッスンを受けてきました。割と耳が良くて器用なほうなので、それぞれの音や単語の発音は、先生の後に何度か繰り返していれば、そこそこ真似はできていました。でも、1人になると「あれ？　どんな感じだったっけ？」となって、文章を読むのも一苦労でした。

効果：口の開け方のコツ、口の形の種類、舌の感触や作り方を明確に説明してもらったことで、1つひとつの音の作り方がはっきりとわかりました。単語を発音記号に直し、それらを当てはめることで、口や舌がどのように移行していくのか、単語と単語の音のつながりがどうなっているのかがわかり、文章が読みやすくなりました。スライドメソッドのおかげで、モヤッとしていた発音の世界が、くっきりスッキリ整頓されました。

報告4 30代女性　金融機関 法務部勤務

矯正前：NYに来て13年目にロースクールに通い始めましたが、せっかく頑張って勉強しても、発音が悪いために自分の意見がきちんと伝わらないことがありました。法律の判例など難しい英語を読み解くことができたとしても、発音が曖昧だと周囲のアメリカ人からいつまで経ってもお客様扱いを受けてしまい、対等な関係が築けないということにはじめて気がつきました。

16年間のアメリカ生活で、発音がおかしくても、それを「おかしいですよ」と率直に指摘されたことはありません。たいがいの人は訛りのある英語を話す外国人とは当たり障りのない会話をして深く踏み込まない傾向にあると思います。私の場合は、日常的に英語を多用していても、それで自然に発音が綺麗になるというわけではなく、変な発音の癖に気づくこともありませんでした。

効果：正しい発音の仕方を口の動きから舌の位置まで覚えていくので、1つひとつの単語がつながって話しやすくなり、まるでパズルのピースが1つずつ綺麗にはまっていくような感覚がありました。発音しにくいと思っていた言葉がスムーズに出てくるようになると、話すこと自体が楽になって、コミュニケーションの幅が広がりました。口数が少なくても、綺麗な発音をすることによって、周りの方がより私の話に関心を持ってくれるようになったと感じます。英語が外国の言葉から自分の言葉になっていくように感じられ、より深く英語でのコミュニケーションを楽しめるようになりました。

報告5 20代女性　アパレルメーカー 海外営業

矯正前：NY留学中のクラスのディスカッションやプレゼン、日常会話の中で、自分が発する日本語英語がたまらなく恥ずかしくて許せませんでした。

効果：スライドメソッドは非常に明解なので、頭でっかちになりがちな大人にも合っていると思います。すべての音をクリアすれば、あとはつなげるだけ。見たことも聞いたこともない単語でも、その発音記号を見れば100%正しい発音ができるようになるとは、驚きでした。耳が慣れてくると音を聞いただけで発音記号が浮かぶため、自分の間違った発音を自分で矯正することすらできるようになりました。もともとシャイな性格で英語の発音に関しての自信は皆無でしたが、矯正を始めて少し経つと、お店でのオーダーの際や海外生活での日常会話においても、聞き返されることはなくなりました。その後は、学校のクラスメイトや先生、友達や友達の友達など、ネイティブスピーカーとの会話で、よく「あなたの英語はスタンダードなアメリカ英語だね」と言われるようになりました。「NY育ち？」と聞かれたのがこれまでの一番の褒め言葉です。

報告6 20代女性　バレエ教師

矯正前：NYで生まれ、そのまま2歳半まで住んでいたので、少しは体が英語の音を覚えているだろうと期待していたものの、大人になってからNYに戻って半年以上経っても変化がなく、発音がコンプレックスでした。

効果：スライドメソッドは画期的で、なるほどと思うことばかりでした。英語の発音はネイティブに習うべきだと思うかもしれませんが、日本語の発音に慣れている日本人は、英語の発音をマスターした日本人に教わるのがベストだと感じました。日本語の発音の仕方にも詳しくて英語の発音にも詳しい先生でないと、「やってるつもりなのにどうして英語の発音にならないの？」の答えを知りません。日本語と英語の発音はそもそも全く別物だということがよくわかりました。

最初に効果を感じたのは、お店でオーダーの際に聞き返されなくなったときです。ベーカリーでバナナプディングをオーダーしたときに、「今の自分の発音、ほぼ完璧に言えた！」と興奮したのは今でもよく覚えています。そして単語をいくつか正確に発音できるようになった頃、録音したスピーカーから自分の声の英語が聞こえてきて、「すごい！　はじめてちゃんと英語の音を出せた！」と感動しました。

報告 7 20代男性　弁護士 国際法務

矯正前：大学４年のとき、英語ネイティブのように話したいと思い、最初の３週間ほど語学学校に通ったものの、発音が向上しませんでした。

効果：まず、アメリカ英語の基本位置とされる母音を学び、それを中心として他のそれぞれの発音を学んでいくので、発音の記憶がとても整理され、ばらばらになることはありませんでした。以前は発音を褒められることはなかったのが、アメリカ人に発音を褒められることが増え、もっと英語を話せるようになりたいというモチベーションにつながりました。リスニングに関しても、以前は音を聞き取れずに雰囲気でしかわからなかったのですが、発音を学ぶことで、発音記号レベルでわかるようになり、単語自体を聞き取れないということはなくなったと思います。

1日2分の「スライド練習」

Video SLIDE

スライド練習は毎日2分間、2週間以上続けましょう。正しい英語発音への秘密の入り口です。

最初は必ず卓上鏡を用意し、動画と一緒に練習します。

唇や頬などを指でグニョグニョ動かしてみましょう。このとき動くものを「**皮**」と呼びます。

次に下唇の周りを押してみましょう。裏に何かぶつかりますね。1つのかたまりとして動く、下歯と歯茎、あごなどです。これを「**骨**」または「**あご**」と呼びます。

「**皮**」を正しい方法で「**スライド**」すると、「**あご**」は落ちやすくなり、同時に「**舌**」もゆるみます。スライド練習は、日本人の舌をキュッと固めてしまう曲者を、英語の間だけ眠らせる睡眠薬のようなものです。副作用はありません。ご安心を。

「スライド練習」の5つのステップ

「スライド」の前に、「スライド準備1～4」があります。
順に進めましょう。

スライド準備1 ➡ 準備2 ➡ 準備3 ➡ 準備4 ➡ スライド

スライド準備１：「あごゆる」

Video SLIDE

下の図①のように上を向き、天井に向かってあごをキューッと突き出し、10 秒以上待ちます。疲れたら力をゆるめ、あごが重力で自然に落ちていく方向を感じ、そちらにストンと落としましょう。(図②)

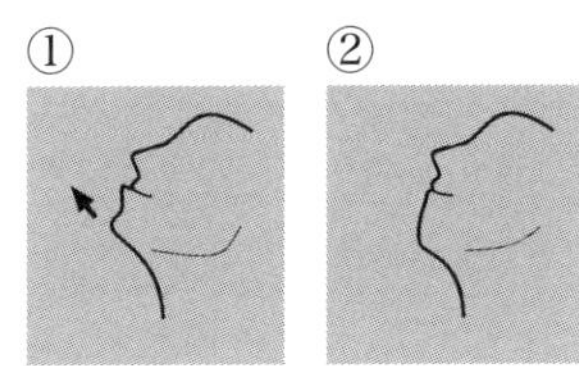

舌や口周りをゆるめ、あごを落としたまま、下唇をそっと上に伸ばし、上歯に軽く触れさせます。そして上歯と下唇が触れたまま、顔を垂直に戻します。

鏡で横から見たときに、あごが前に突き出ていたら間違っています。もう一度繰り返しましょう。

スライド準備２「妖怪ほぐし」に続きます。

筋ゆる先生の「歯を食いしばって頑張…らないで！」

英語をマスターしたければ、歯を食いしばるのをやめましょう。頑張り屋さんの日本人は、歯を食いしばり顎関節や舌、口の中、首をこり固まらせてしまっています。ある意味で、国民病といえるかもしれません。

それは口をゆるく開けたまま話す英語とは真逆の状態なので、英語の発音ができなくなる最大の原因にもなりますし、場合によっては自律神経に影響して体を壊してしまうこともあり得ます。肩こりは万病のもとですから。面白いことに、日本人の「肩こり」にぴったり当てはまる英語が見当たらないんです。似たような表現はありますが…。

スライド準備2：「妖怪ほぐし」

Video SLIDE

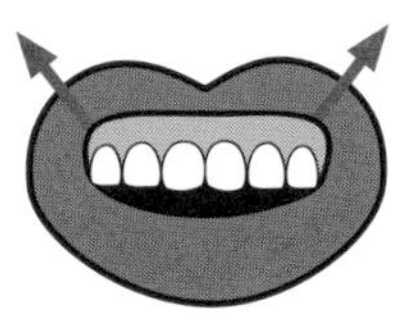

「うふふふ…」と笑いながら、鼻の下を下に伸ばしたり上に縮めたりしてみましょう。妖怪っぽい口元になってきましたか？　英語を話すときに、鼻の下がこのように動き始めたら、舌を固めてしまうので要注意。すぐに「妖怪ほぐし」でゆるめましょう。

まずは先ほどの「あごゆる」の方向に**あご**を**ふんわり**ぶら下げながら、下唇が上歯に磁力で吸いつくように軽くつけます。

①

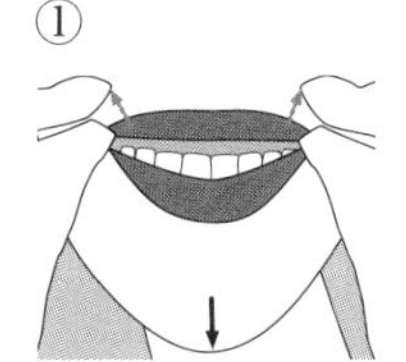

そのまま、右の図①のように上唇の両脇を２本ずつの指でつまみます。そして上歯茎を見せるように、ピンク矢印の方向に上唇をギューッと５秒間引き上げます。つまんだ上唇がぼんやりしたらさらに少し引っ張ります。

②

上唇と**口角**（図②）が完全にゆるみ、上に**ぶよっ**と浮いたら、上唇を指でつまんだまま、あごを10回大きく開閉します。お餅やキャラメルなどを丁寧に噛む、あごの感覚に似ています。

あごが「あごゆる」の方向に**ふんわり**ぶら下がったところで動きを止め、上唇を上歯より高い位置（鼻の方向）に浮かすように休めます。上唇や口角を力で引き上げていないのに、上歯が何本か見えている状態が理想的です。

スライド準備３「梅ほぐし」に進みましょう。

スライド準備３：「梅ほぐし」

Video SLIDE

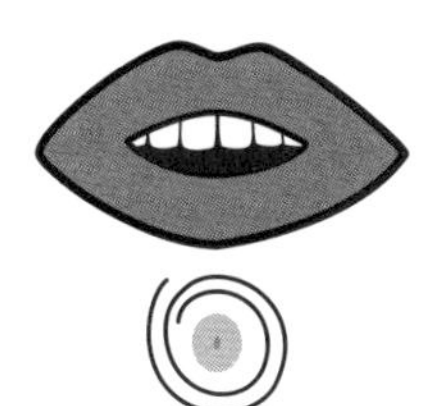

梅干し（左図の渦巻き）の皮の裏に固まる筋肉を、指を使って丁寧にほぐしましょう。

次に、人差し指から小指までの４本の指を上向きにそろえ、梅干しを下から上にそっと持ち上げるように（皮を上にずらすように）支えます。
そして残った親指で、あご下に固まる筋肉を深く押し、マッサージします。

①

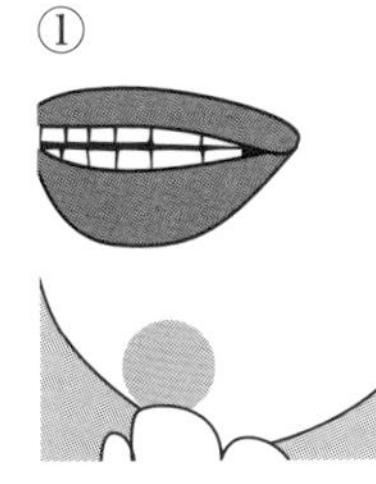

次に親指のみを外します。そして、右の図①のように、４本の指で梅干しを下から上に向かって軽く支えたまま、指が触る「皮」の高さは変えずに、内側の「骨（**あご**）」のみを**ふんわり**下にずらし、「あごゆる」の方向にぶら下げます。すると右の図②のように、下歯がストンと落ち、下唇裏に隠れます。
(必ず動画を先に観てください)

②

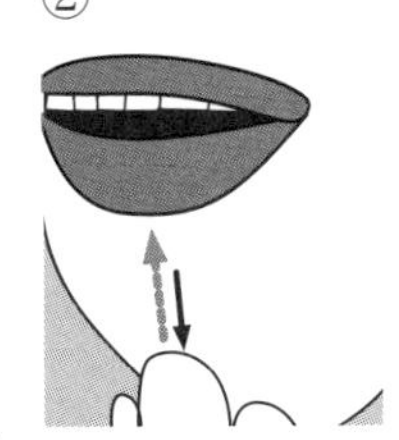

このように「皮」が「骨」から剥がされ、「骨」だけを上下に単独で、脱力したまま動かせるようになれば、英語の口の開閉感覚です。
この動きをゆったりと10回繰り返します。

横から鏡で確認し、あごが突き出ている場合は、スライド準備１の「あごゆる」をもう一度してから、再開しましょう。

スライド準備４「頬上げ」に進みます。

スライド準備４：「頬上げ」

Video SLIDE

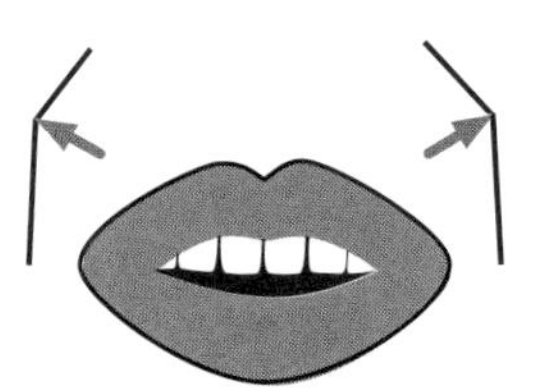

筋肉で頬を下げ、日本語を話す私たちは、頬を単独で浮かす英語の顔感覚を知りません。この感覚をインスタントに教える方法が「頬上げ」です。

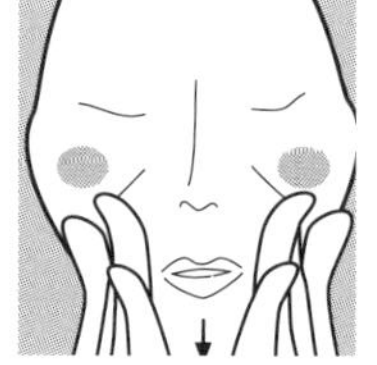

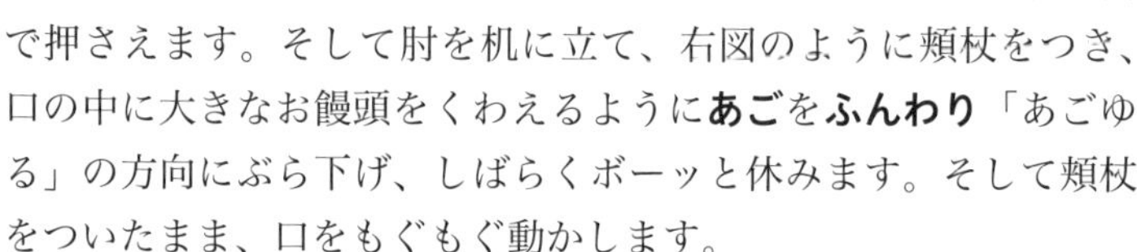

左上図のピンク矢印の先２点を、矢印の方向に押し上げるように指で押さえます。そして肘を机に立て、右図のように頬杖をつき、口の中に大きなお饅頭をくわえるように**あご**を**ふんわり**「あごゆる」の方向にぶら下げ、しばらくボーッと休みます。そして頬杖をついたまま、口をもぐもぐ動かします。

上唇と**口角**と**頬**が**ぶよっ**と浮いたまま物を食べるような感覚に慣れてから、指をそっと離します。日本語の顔に比べ、頬骨部分に肉が浮き、目立っていることを確認しましょう。

いよいよ「スライド」に進みます。

スライド

Video SLIDE

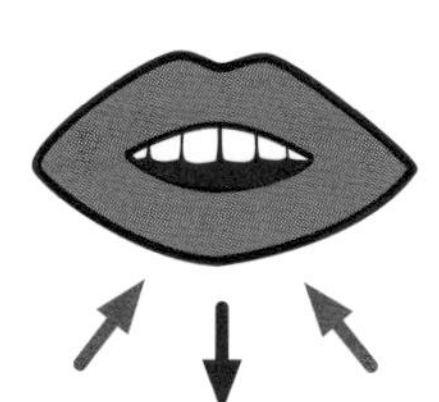

あごを**ふんわり**ぶら下げながら、**下唇**の斜め下から、左の図のピンク矢印の方向に向かって、指で「皮」を**ツルッ**と滑らせ（スライドさせ）、下唇が上歯から１～２ミリになるまで近づけ、そこに浮かせます。（下の図の①から②の動き）

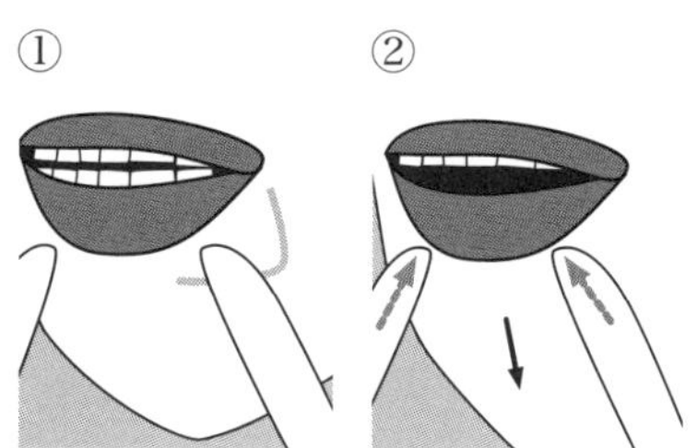

英語発音を邪魔する筋肉がすべてゆるみ、安全な口ができました。

◯**あご**は**ふんわり**ぶら下がり
　⇒下歯が見えない / あごが突き出ない
◯**上唇・口角・頬**は**ぶよっ**
　⇒上に浮き、上歯が４本近く見える
◯**下唇**は**ツルッ**とスライド
　⇒下唇は上歯から１～２ミリの高さに浮く

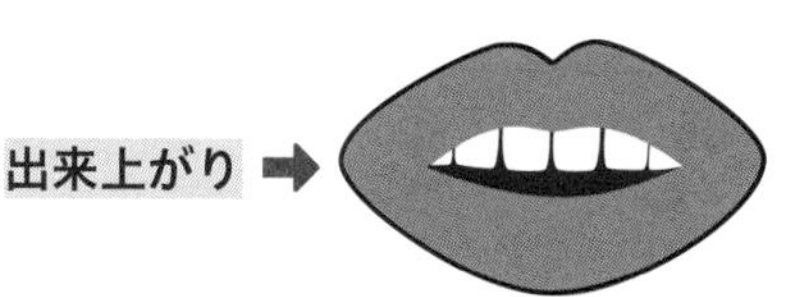

これが英語を話すときに必要な、ゆるんだ口の作り方です。英語はこのように唇周りが弛緩した状態から始まります。歯医者で麻酔を打たれた後の口感覚を想像するとよいでしょう。慣れるまでは指を使い、「皮」と「骨」が別々に動くことを確認します。マスターした後は、指を使わなくても「皮」だけが動くようになります。「スライド」は筋トレではありません。浮力をイメージしながら、ゆるくさりげなく起こします。

一目で確認「スライド練習」まとめ

Video SLIDE

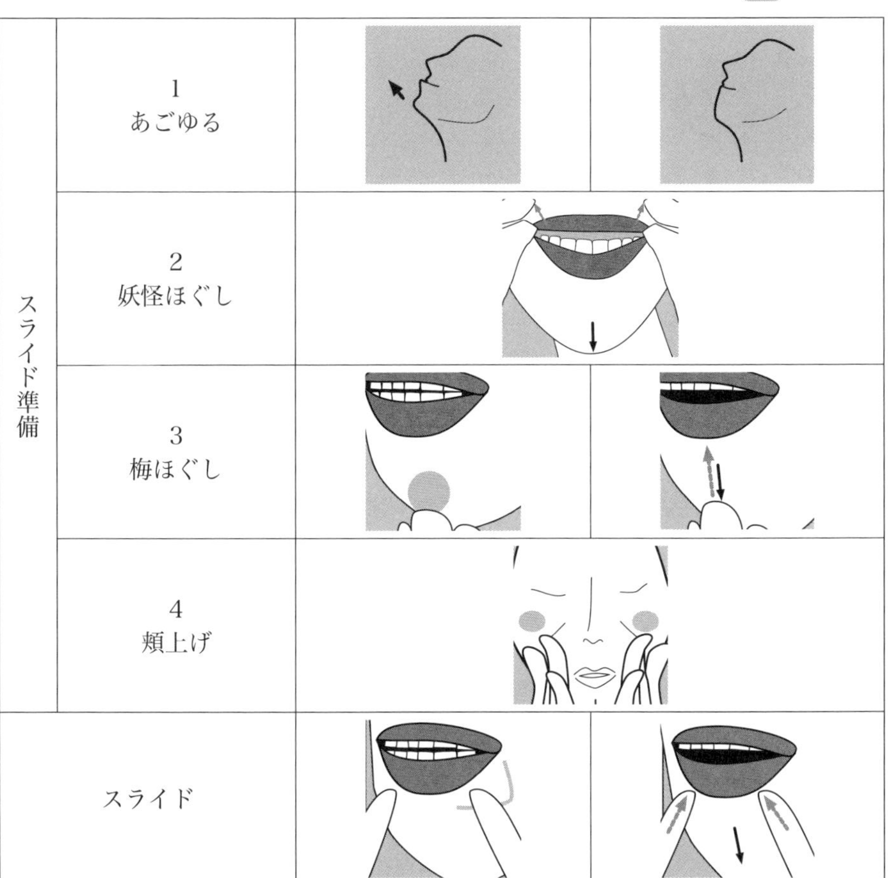

スライド準備	1 あごゆる		
	2 妖怪ほぐし		
	3 梅ほぐし		
	4 頬上げ		
スライド			

「スライド練習」は、正しい英語発音をマスターするための全過程で大活躍する、最も効率の良い練習方法です。このページにいつでも立ち戻れるように、しるしをつけておきましょう。

Chapter 1

基本位置

「英語の口を作る」

DAY ▸▸ 1 基本位置

Video DAY 1

日本語訛りを引き寄せない、英語の「口の開け方」

	型		
	三角笛	自然舌	
基本位置			

「基本位置」は、英語の口の構えです。英語を話し始めるときに、息を吸いながらこの構えを作れば、口の感覚が変わり、英語ギアに切り替わります。

「基本位置」をマスターすれば日本人の発音矯正の95%が終了と言い切れるほど、このギアチェンジは日本人にとって、本質的で重要なプロセスです。

必ず動画を観てから始めましょう。

笛：口の開け方は**三角笛**です。スライド練習（p.28〜）で作った口です。あごをぶら下げ、上唇・口角・頬を浮かせ、下唇をスライドしましょう。チェック項目は以下の通りです。

◯あごはふんわりぶら下がり
◯上唇・口角・頬はぶよっ
◯下唇はツルッとスライド

←正
誤→

舌：完全にゆるんだ**自然舌**を作ります。英語で最も頻繁に使われる舌です。様々なイメージを重ねることで、自然舌の実際の感覚を覚えていきましょう。

舌をゆるめるためには、口の開け方を正すことが絶対条件ですから、前ページの三角笛を用意してから始めます。

右図の舌についた、舌の斜め前にある小さな丸を「**舌の目玉**」と呼びます。今後「舌の目玉」もしくは「目玉」と言われたら、この２点セットを意味します。脱力したまま「目玉」に**意識を集中**しましょう。舌の重みを感じます。

プルプルの**ババロア**をイメージしてください。ババロアを舌の上に乗せ、そのまま舌がババロアと同化し、口の中に溶け広がっていくのをイメージしましょう。ババロア（舌）は、下の歯の内側に流れ込み、下の歯と舌の隙間をすべて埋めます。

「舌の目玉」２点と下唇裏の２点（右上図の黒い丸の裏側）が近づき、お互いの体温を**ぬくぬく**感じます。

?
ババロアなんて最近食べて
ないから、わかんないな～

下唇と「舌の目玉」がお互いの体温を感じられない場合、**下唇**を**ツルッ**と上にスライドさせながら、下の歯（これがあるから体温を感じられないのです）をストンと落とすように、「あごゆる」方向にあごをぶら下げます。

舌は、**上歯**や**口蓋**（口の天井部分）には**触りません**。ゆるみ切った舌の横縁は下の奥歯の外側まであふれ、こぼれそうです。

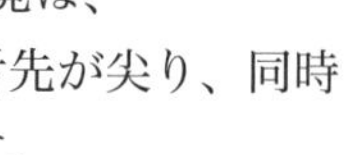

舌先含め、**舌縁**全体は丸みを帯び、感覚的には眠ったように、**ぼんやり**下歯裏につきます。目の前の鏡で確認すると下歯の裏にぺた～っとついていますが、脱力しているために、舌が下歯についているという感覚は、自分にはありません。舌先で下歯を押して確認しようとすると、舌先が尖り、同時に舌奥が固まってしまうので注意しましょう。舌先は丸いままです。

日本人がはじめて正しい自然舌を作ると、下歯が抜け落ちたような不思議な気分になり、過去に経験したことのない、甘ったれた舌の脱力感を実感します。

1つでもうまくいかないものがあれば、動画を観ながらスライド練習からやり直しましょう。それが最も早く結果を出す方法です。このプロセスの間も、常にスライドの動きを加え続けましょう。

◯プルプルのババロア
◯目玉に意識集中
◯下唇裏ぬくぬく
◯上歯・口蓋に触らず
◯縁はぼんやり下歯裏

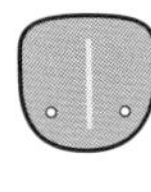

筋ゆる先生の「舌の力を抜けって言われても…」

そうそう簡単にできるもんじゃありませんよね。実は、脱力がうまくできないときには、逆に思い切り力を入れてみると、感覚がつかみやすいんです。例えば、肩をぐっと上げて5秒間くらい待ってから力を抜くと、肩の力が自然に抜けます。オリンピック選手も自分なりの方法でやってますよね。

同様に、舌の力を抜きたかったら、口を半開きにして舌で下の前歯の根元をギューっと押してみて、十分に疲れてから抜いてみてください。ぼんやり麻痺した感覚を簡単に体感できますよ！

アメリカ英語 VS イギリス英語

アメリカ英語とイギリス英語の発音の違いをご存じですか？　特定の音を変えるだけと思っている人も多いのでは？　実はこの２つは、音質はもちろんのこと、リズムも違うので、言語の持つprosody（= 音の強弱と高低が作るパターン）が別言語のように違います。

その昔、日本の標準語と関西弁を混同して話す外国人に出会ったことがあります。アクセントが途中で何度も切り替わるので、話の内容そっちのけで、民族音楽のように聴き入ってしまったものです。同じように、アメリカ英語とイギリス英語の発音をごちゃまぜにして話していると、聞き手の頭の中では似たような混乱が起きてしまいます。

ニューヨークでは、いったんイギリス英語発音を学んだ人が、イギリス英語からアメリカ英語に切り替えることは可能かという相談もよく受けます。そんなときには、今後の活躍の場をアメリカ英語ベースにしたいのか、イギリス英語ベースにしたいのかを考え、どちらかの発音とprosodyに統一して使い続けることが、賢い方法だとアドバイスしています。

ただしアメリカで俳優になり、時にはシェイクスピアなどの古典劇にも挑戦したいような場合は、両方使い分ける必要も出てきます。専門家のもとで１つずつマスターし、役ごとに使い分けるとよいでしょう。

スライドメソッドは、アメリカ英語の標準語を基盤としています。

アメリカンなヤンキー口

私はよくクラスの中で、ヤンキーの真似をします。ヤンキーが授業中にチューインガムを噛みながら、目の前に立つ先生をにらみつけるときの口元。それは英語の口の開け方と、見た目も感覚も実によく似ているのです。単母音４、５（→p.53, p.56）で「ヤンキー系」というタイプの口が出てきますが、その２音は特にこのヤンキーっぽい口元になります。

では一緒にガムを噛む真似をしてみましょうか。ヤンキーっぽく生意気に、斜め上の先生をにらみながら、さあどうぞ！
「あたくしはヤンキーではないのでちょっとわかりませんわ。ガムもお下品で、ねえ。オホホホ…」と思っている方のために、こっそり１人でできるヤンキー口の練習方法をお教えします。

上唇の両端を指でつまみながら、口を大きく開閉します。上唇と口角がゆるみ、口が開く瞬間に上唇が下に引っ張られる感覚がなくなったら、そっと指を外します。

次は下唇を上の歯に軽くつけたまま、もぐもぐ口を動かします。上下の唇は動かさず、あごだけが動きます。横から見て上唇が立体的に盛り上がり、下唇よりも目立っていれば合格。今日からあなたも、立派なヤンキーの仲間入りです。

Yankeeという言葉はもともと「北米の人」という意味があるとご存じでしたか？なぜ日本の不良が「ヤンキー」と呼ばれるようになったのか。それは定義こそされていませんが、ヤンキーの口元が北米人の英語を話す口元に何となく似ていたからかもしれません。

そういえば大リーグの選手たちってよくガム噛んでるよね。英語発音と共通するあごの動きってこと？

Chapter 2

単母音

「英語の音色を作る」

DAY ▸▸ 2 | 単母音①

Video DAY 2

英語の母音とは何ですか？「アイウエオ」ではありません。それは日本語の母音です。では、「a とか、e とか、i とか、o とか、u ？」でしょうか。それらは文字で、発音とは別物です。これらの文字が母音にならないこともありますし、他の文字が母音になることもあります。

英語の母音の音色は、わずか 10 種類。その組み合わせで、二重母音も作られています。

母音は音節（ビート）を作る音

英語のリズムは音節からわかります。では音節とはいったい何でしょうか？　下の歌を手を叩きながら歌ってみましょう。●は強く、●は弱く打ちます。

Row, row, row your boat
● ● ● ● ●

Gent ly down the stream,
● ● ● ● ●

Mer ri ly, mer ri ly, mer ri ly, mer ri ly
● ● ● ● ● ● ● ● ● ● ● ●

Life is but a dream
● ● ● ● ●

さあ、ご一緒に

上で叩いたところ（●と●）が母音＝音節です。**音節が英語のリズムを作ります。**「スライド」を使ったシンプルで正しい音の出し方を覚えたら、発音記号の中で「音節 (母音) はどこにあるかな？」と探し、その母音の強弱に合わせて息を吐くだけで、正しい英語発音になるのです。

単母音1	型		
	三角笛	自然舌	
ʌ up 強く短め ə above 弱く短い			

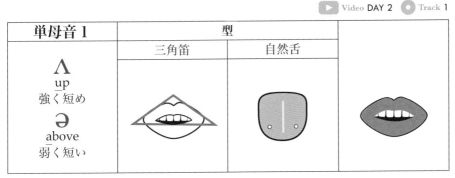

My husband and son must be stuck in the subway station just ahead of us.

（夫と息子が１つ先の地下鉄の駅で立往生しているみたいです）

強い音節は●、弱い母音は●です。音節の強弱は、英語のリズムを作ります。

母音は音節を
持つから
ビートを
感じるんだね。

ʌ (up) は**強く短め**の音です。ə (above) はほぼ同じ音で**弱く短い**音です。基本位置でそのまま声を出せば、この音が出ます。動画を観ながら始めましょう。

笛：基本位置の**三角笛**のままです。あごをぶら下げ、上唇・口角・頬を浮かせ、下唇をスライドします。

◯あごはふんわりぶら下がり
◯上唇・口角・頬はぶよっ
◯下唇はツルッとスライド

←正
誤→

舌：基本位置の**自然舌**のままです。

◯プルプルのババロア
◯目玉に意識集中
◯下唇裏ぬくぬく
◯上歯・口蓋に触らず
◯縁はぼんやり下歯裏

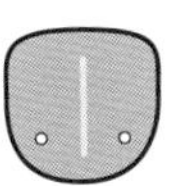

天窓の話

口の天井の後ろに、天窓のように上下に開閉する部位（軟口蓋）があります。天窓を下に開くと、息は鼻を通り、鼻声になります。上に閉じると、息はすべて口に流れます。

日本語を話しながら鼻をつまむと鼻声になりますが、それは日本語が天窓を半開きにして話す言語だからです。日本の電車やバスのアナウンス、演歌、民謡、J-Popなど、マイクを通すと独特な響きを持つのはそのためです。

ところが天窓半開きは、英語では訛りとして専門家に指摘されます。英語では、鼻音と呼ばれる３音を除いて、常に天窓を閉じ、口から100％息を出します。簡単な確認方法が、「鼻つまみチェック」です。

鼻つまみチェック

英語の音（鼻音以外）を出しながら、鼻をつまんだり放したりを繰り返します。鼻をつまむ瞬間に音色が変われば、天窓が半開きになっています。音色が全く変わらなくなるまで練習しましょう。天窓コントロールの感覚をつかむ練習は以下の通りです。

天窓コントロールの練習

１）風船を膨らませるふりをします。自動的に天窓は閉まります。
２）鼻歌を歌います。自動的に天窓は開きます。
３）風船と鼻歌を交互に繰り返し、天窓の開閉感覚を覚えます。

いったん慣れてしまえば、自然にコントロールできるようになります。

ここから音の比較練習に入ります。習った音のみに集中し、習っていない音は発音せずに飛ばしてしまって結構です。

比較練習

Track 2

ʌ up		強/短め		ə above		弱/短い	
gut	gʌt	名	消化管	August	ɔ́ːgəst	名	8月
done	dʌn	動	do 過分	Canada	kǽnədə	地名	カナダ
fun	fʌn	名	楽しみ	often	ɔ́ːfən	副	しばしば
run	rʌn	動	走る	camera	kǽmrə	名	カメラ
love	lʌv	名	愛情	salad	sǽləd	名	サラダ
but	bʌt	接	しかし	Cuba	kjúːbə	地名	キューバ

＊過分＝過去分詞

曖昧母音

ə (above) は曖昧母音とも呼ばれています。何が曖昧かというと、音色です。音節が弱く発音され、存在感が小さくなったことで、音色も曖昧になったときの記号なのです。

例えるなら、川の下流で見つかる、丸く削られた小石のようなもの。他の音と比べて音色に幅があるために「曖昧母音」と言うのですが、まずはシンプルに「ʌ (up) をそのまま弱く、より短くした音」と覚えましょう。

単母音2	型		
	三角笛	R舌	
ɚː bird 強く長い ɚ percent 弱く短め			

I heard that the birds were surprised by Curt's verbal performance in the church.

（教会でのカートさんの口頭での演技には鳥たちが驚いたそうよ）

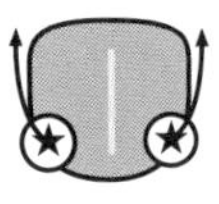

ɚː は強く長い音ですが、ɚ (percent) のように弱い音節に入ると短めになり、ː が消えます。**リーダー**（音を作る際にピンポイントで動かす部位）は舌縁斜め前の★２点（右図）です。動画を観ながら、基本位置から始めましょう。

笛：基本位置の**三角笛**のままです。あごをぶら下げ、上唇・口角・頬を浮かせ、下唇をスライドします。

◯あごはふんわりぶら下がり
◯上唇・口角・頬はぶよっ
◯下唇はツルッとスライド

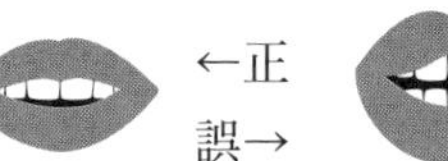

舌：基本位置から **R** 舌に変わります。**いわゆる「Rの音」の単母音バージョン**です。まずは脱力の自然舌を作り、舌をふわふわの羽毛布団とイメージしましょう。羽毛布団（舌）縁の斜め前の★（２点＝目玉の外側）を、ピンポイントで軽く持ち上げ、上奥歯に向かって引き上げます。それ以外の部分は力で下げたり上げたりせず、ぼんやりと休めることで、結果的にグニャッと曲がります。

そのまま★を、上奥歯に向かって横にビヨーンと広げ、上奥歯につっぱり棒の両端のようにピタッとつけます。舌先は受動的に上を向きますが、舌先でリードすると舌は固まり、舌横が広がらなくなってしまいます。舌先と舌の根元は完全に休ませ、★のみでリードしましょう。

R舌は難しいものと誤解されているので、力んでしまいがちですが、あごを力でこじ開けたり、舌を力で動かしたりすると、必ず失敗します。抵抗する筋肉があれば、スライド練習（p.28〜）で十分にゆるめてから再開しましょう。

◯舌はふわふわ羽毛布団
◯★は横にビヨーン
◯上奥歯につっぱり棒
◯先は受動的に上を向く

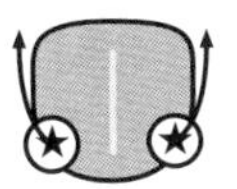
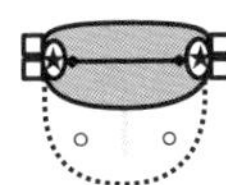

比較練習

Track 4

ɚː bird		強く長い		ɚ percent		弱く短め	
curl	kɚːl	動	カールさせる	thinker	θíŋkɚ	名	考える人
girl	gɚːl	名	女の子	burger	bɚ́ːgɚ	名	ハンバーガー
nurse	nɚːs	名	看護師	honor	ɑ́ːnɚ	名	名誉
fir	fɚː	名	モミ	forget	fɚgét	動	忘れる
thirst	θɚːst	名	のどの渇き	ether	íːθɚ	名	エーテル
yearn	jɚːn	動	あこがれる	your	jɚ	代名	あなたの(弱音)
learn	lɚːn	動	習得する	teller	télɚ	名	話し手
pearl	pɚːl	名	真珠	per	pɚ	前	…につき

比較練習

Track 5

ʌ up				ɚː bird			
hut	hʌt	名	小屋	hurt	hɚːt	動	傷つける
ton	tʌn	名	トン	turn	tɚːn	動	回転させる
cut	kʌt	動	切る	curt	kɚːt	形	ぶっきらぼうな
bun	bʌn	名	小型の丸いパン	burn	bɚːn	動	焼ける
one	wʌn	名	1	worse	wɚːs	形	bad 比較級
son	sʌn	名	息子	sir	sɚː	名	(男性に対し)あなた
shut	ʃʌt	動	閉める	shirt	ʃɚːt	名	シャツ
chuck	tʃʌk	名	投げること	church	tʃɚːtʃ	名	教会

自分の名前が通じない！

アメリカには、「自分の名前を言うと必ず聞き返されるんです…」と悩んでいる日本人がたくさんいます。そこで1つ、日本人の名前の発音についてお話ししたいと思います。これはあくまでも私の個人的な意見ですから、参考程度にしてみてください。

NYに来て間もない頃、私自身も悩みました。自分の名前を言うと首をかしげる人がとても多かったのです。そこである日、グリーン先生に相談しました。
「私の名前は英語ではどう発音すべきですか？」
「自分がどう発音してほしいかが重要よ。日本語ではどう発音するの？」
「はるか」
「…それは確かに、アメリカ人にはとうてい発音できないわね」

そこで先生は「外国の名前の発音」という領域に一歩踏み込んでくださいました。
「Harukaの綴りを見たら、私だったら2音節目を強くして発音したくなるわね。Anitaみたいに。発音記号にしたら、hərúːkə、こうね」

こうして私の名前は、英語の発音のように2音節目が強くなり、アメリカ人でも聞き取れる名前となりました。この日以来、自分の名前を告げて聞き返されたことはほとんどありません。この発音は20年以上経った今でも使い続けています。

多民族国家アメリカでは、あらゆる言語の名前が存在します。英語はもちろんのこと、スペイン語、中国語、ロシア語、フランス語、日本語の名前など。そうした名前は、各国の先祖の歴史を想像するのに役立ちますが、同時に皆、発音には苦労しています。

この機会に、あなたの名前の英語バージョンを決めてみてはいかがでしょうか？
英語では常にその名前を使い、堂々と大きな声で伝えるのです。綴りから英語ネイティブが発音したくなる発音であれば、理想的です。

もしくは、ニックネームをつけることも可能です。アメリカでは、プロフェショナルなスタンスを求められる場合を除き、多くの人がニックネームを使います。例えばAnthonyがTonyに、WilliamがBillに、ElizabethがLizになったりするのです。相手のファーストネームかニックネームさえ覚えれば、人間関係はかなりスムーズになります。

通じる名前を考える際に注意したいのは、名前の長さです。珍しい名前は長くなるほど覚えてもらうのが難しくなるからです。ところで、英語の長さは何で測るかご存じですか？　綴りの長さでしょうか？　違います。音節数です。例えば、WhitneyとErikoの２つの名前の長さを比べてみましょう。日本人にとっては、「ホイットニー」のほうが「エリコ」よりもずっと長い感じがしますね。ところが英語では、Whitneyは２音節でErikoは３音節。つまりErikoはWhitneyの1.5倍の長さです。

ネイティブが発音しにくい名前をお持ちの方は、LucyやPam、CharlieやSeanのように、１～２音節の短いニックネームを選んで使うことをお勧めします。

例えばあなたのお名前がTsutomuさんで、ニックネームをTom (Tommy)さんに決めたとします。ご近所さんに自己紹介するときには、
“Hi, my name is Tsutomu. But I go by Tom (Tommy).“
と自己紹介すれば、相手はホッとして、
“Hi Tom. I’m Joe. Nice to meet you.” と言ってくれるでしょう。

JoeさんはTsutomuさんという、ネイティブにとって難易度が高い名前の発音に緊張しなくて済みます。そして次回も気持ちよく再会できるでしょう。実は、このJoeさんも本名はJosephさんかもしれないのです。

DAY ▸▸ 3 | 単母音②

Video DAY 3　Track 6

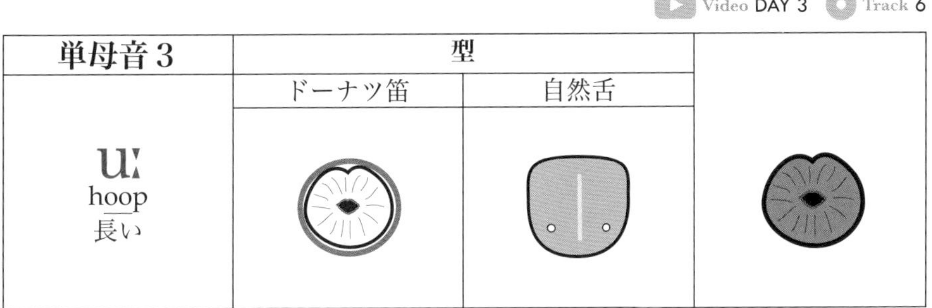

単母音3	型		
	ドーナツ笛	自然舌	
uː hoop 長い			

Is it true that two new students from a university in Peru flew to New York in June?

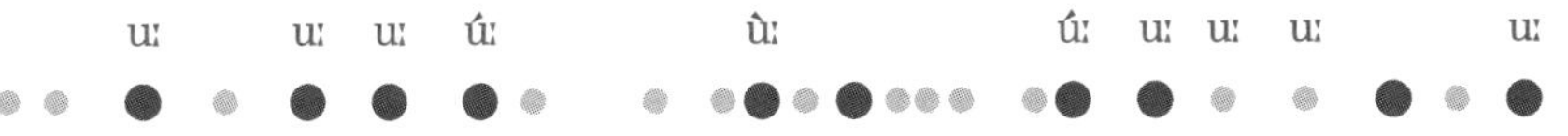

（6月にペルーの大学からの新入生２人がニューヨークに飛んだというのは本当ですか？）

もともと長い音ですが、弱い音節では少し短めになります。日本語のウやオは下唇下がキュッと固まり、あごを舌も固めますが、この音は、あごがぶら下がり、舌もゆるんだままです。リーダーは巾着のゴム（下図）です。動画を観ながら、基本位置から始めましょう。

笛：基本位置から**ドーナツ笛**に変わります。あごをぶら下げ、上唇・口角・頬を浮かせ、下唇をスライドし（ここまでが基本位置）、下図の「巾着のゴム」をキュッと真ん中に集め、唇の真ん中にストローを挟むように、唇でドーナツの形を作ります。下唇が上唇の影に半分隠れるような感覚です。

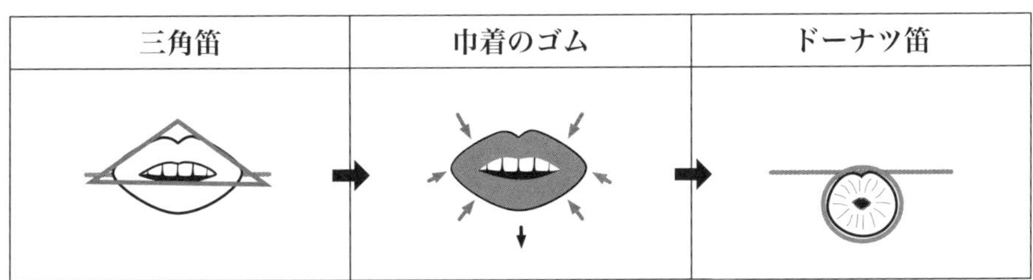

三角笛	巾着のゴム	ドーナツ笛

○あごはふんわりぶら下がり
○下唇はツルッとスライド
○巾着のゴムをキュッ
○真ん中にストロー
○下唇は隠れ気味

←正
誤→

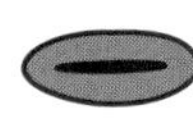

舌：自然舌のままです。斜めに傾きますが、舌自身は脱力しています。

○プルプルのババロア
○目玉に意識集中
○下唇裏ぬくぬく
○上歯・口蓋に触らず
○縁はぼんやり下歯裏

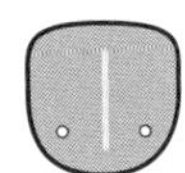

比較練習

Track 7

ʌ up				uː hoop			
cup	kʌp	名	カップ	coop	kuːp	名	鶏小屋
ton	tʌn	名	トン	tune	tuːn	名	曲
done	dʌn	動	do 過分	do	duː	動	行う
none	nʌn	代名	いずれも…ない	noon	nuːn	名	正午
hum	hʌm	動	鼻歌を歌う	whom	huːm	代名	誰を
rum	rʌm	名	ラム酒	room	ruːm	名	部屋
yum	jʌm	間投	おいしい	you	juː	代名	あなたは
sun	sʌn	名	太陽	soon	suːn	副	近い将来に
shut	ʃʌt	動	閉める	shoot	ʃuːt	動	撃つ
chuck	tʃʌk	名	投げること	choose	tʃuːz	動	選ぶ
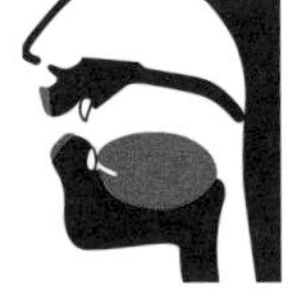				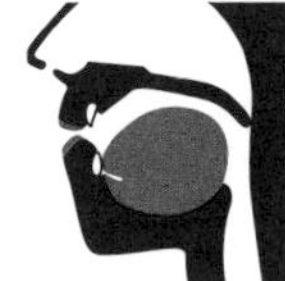			

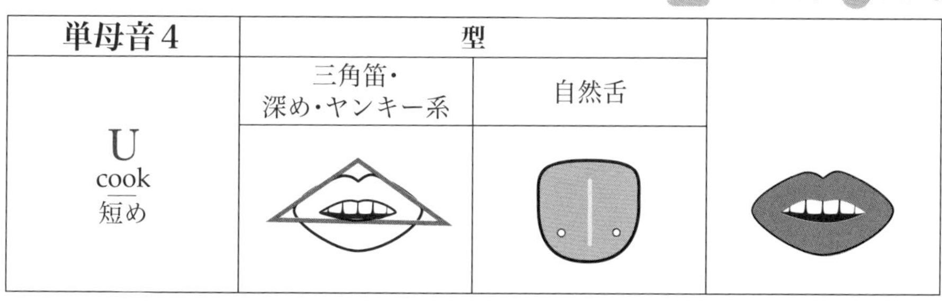

単母音4	型		
	三角笛・深め・ヤンキー系	自然舌	
U cook 短め			

We are still full, but would you look for a good pudding recipe in a cookbook?

（まだお腹はいっぱいですけど、料理の本でおいしいプリンのレシピを探してくれないかしら）

短めの音です。単母音3の uː(hoop) とは全く違う口の形です。また、日本語のウやオとも全く違います。日本語は下唇下がキュッと固まって舌を固めますが、この音は、舌がゆるんだままです。リーダーは下唇です。動画を観ながら、基本位置から始めましょう。

笛：三角笛・深め・ヤンキー系に変わります。あごをぶら下げ、上唇・口角・頬を浮かせ、下唇をスライドし（ここまでが基本位置）、さらにスライドしながら、上歯と下唇の距離を変えずに、あごのみを深めに落とします。三角笛でスライドの感覚が目立つのが、「ヤンキー系」です。

〇あごは深めにぶら下がり
〇上唇・口角・頬はぶよっ
〇下唇は強めにスライド

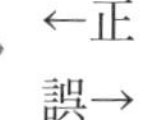

舌：自然舌のままです。基本位置よりあごが下がるので、重力で舌の目玉と下唇の内側がぺったり触りますが、触っている感覚がないほど脱力します。

〇プルプルのババロア
〇目玉に意識集中
〇下唇裏にぺったり
〇上歯・口蓋に触らず
〇縁はぼんやり下歯裏

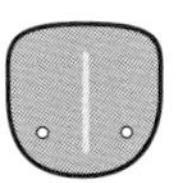

比較練習

Track 9

ʌ up				ʊ cook			
hum	hʌm	動	鼻歌を歌う	hook	hʊk	名	ホック
gut	gʌt	名	消化管	good	gʊd	形	良い
fun	fʌn	名	楽しみ	full	fʊl	形	満ちた
luck	lʌk	名	運	look	lʊk	動	見る
one	wʌn	名	1	wool	wʊl	名	羊毛
buck	bʌk	名	雄鹿	book	bʊk	名	本
puddle	pʌ́dl̩	名	水たまり	pudding	pʊ́dɪŋ	名	プリン
shut	ʃʌt	動	閉める	shook	ʃʊk	動	shake 過
usher	ʌ́ʃɚ	名	劇場案内係	push	pʊʃ	動	押す
touch	tʌtʃ	動	触る	butcher	bʊ́tʃɚ	名	精肉店

＊過＝過去形

筋ゆる先生の「日本人女性はアニメ声？」

私は仕事柄、声の問題を抱えた声優、歌手、司会者などの方々の施術に携わってきたのですが、正直言って、日本人の声優の皆さんの声帯やその周囲の組織は、消耗しきっています。

特に声優に要求される話し方は、もともとの声よりもテンションを上げて作っていくために、そもそも無理があるのです（まれに強靭な声帯を持ち、酷使してもへっちゃらな人もいるのですが）。その上、印象的な声にするため鼻に響かせる話し方を要求されることが多いです。

このしゃべり方は、特に日本人女性の話し方を象徴していますが、英語では、鼻にかけてしゃべると伝わりませんし、高い声の共鳴は英語発音の音質を変えてしまうのです。

英語を話す際にはできるだけ声のトーンを自然なレベルに落とし、鼻にかけずに発声する必要があります。「あれっ、自分の声って本当はこんなに低かったんだ」なんて気づくことが多いですよ。

比較練習

Track 10

uː hoop				ʊ cook			
two	tuː	名	2	took	tʊk	動	take 過
Luke	luːk	人名	ルーク	look	lʊk	動	見る
fool	fuːl	名	道化師	full	fʊl	形	満ちた
kooky	kúːki	形	変人の	cookie	kʊ́ki	名	クッキー
wooed	wuːd	動	woo 過/過分	would	wʊd	助動	…であろう
pool	puːl	名	プール	pull	pʊl	動	引く
shooed	ʃuːd	動	shoo 過/過分	should	ʃʊd	助動	…すべき
suit	suːt	名	スーツ	soot	sʊt	名	すす

＊過 / 過分＝過去形 / 過去分詞

単母音5	型		
	三角笛・深い・ヤンキー系	自然舌	
ɔː hawk 長い			

Paul brought a drawing from Austria, and offered it to a law office for its auction.

（ポールさんはオーストリアで買った絵を、弁護士事務所でのオークション用に進呈しました）

単母音４の U (cook) と口感覚が近く、こちらは長い音です。三角笛でスライドの感覚が特に強いのが「ヤンキー系」に属します。リーダーは下唇です。動画を観ながら、基本位置から始めましょう。

笛：三角笛・深い・ヤンキー系に変わります。あごをぶら下げ、上唇・口角・頬を浮かせ、下唇をスライドし（ここまでが基本位置）、さらにスライドしながら、上歯と下唇の距離を変えず、あごのみを U (cook) よりも深く落とします。

U (cook) 三角笛・深め・ヤンキー系	ɔː (hawk) 三角笛・深い・ヤンキー系

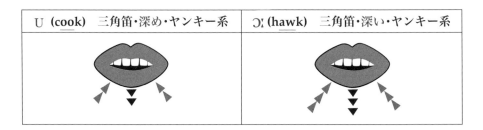

○あごは深くぶら下がり
○上唇・口角・頬はぶよっ
○下唇は強くスライド

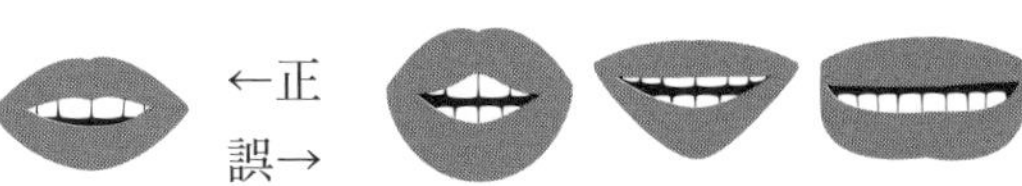

舌：自然舌のままです。あごが下がっているので、舌はさらに前にダラ〜ッと流れ、舌の目玉と下唇内側はぺったり触り合いますが、触っている感覚がないほどゆるみます。

◯プルプルのババロア
◯目玉に意識集中
◯下唇裏にぺったり
◯上歯・口蓋に触らず
◯縁はぼんやり下歯裏

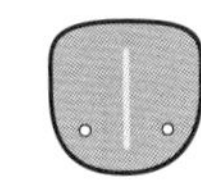

比較練習

Track 12

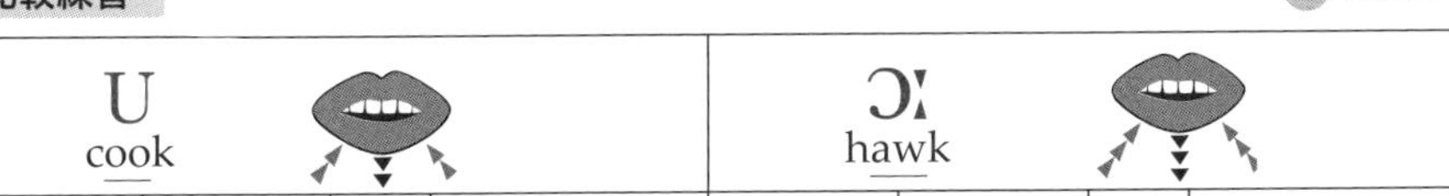

ʊ cook				ɔː hawk			
took	tʊk	動	take 過	talk	tɔːk	動	話す
cookie	kʊ́ki	名	クッキー	cause	kɔːz	名	原因
good	gʊd	形	良い	gone	gɔːn	動	go 過分
foot	fʊt	名	足 (足首から下部分)	fawn	fɔːn	名	小鹿
put	pʊt	動	置く	paw	pɔː	名	動物の足
bush	bʊʃ	名	低木	boss	bɔːs	名	親分
wood	wʊd	名	材木	wall	wɔːl	名	壁
soot	sʊt	名	すす	sought	sɔːt	動	seek 過/過分

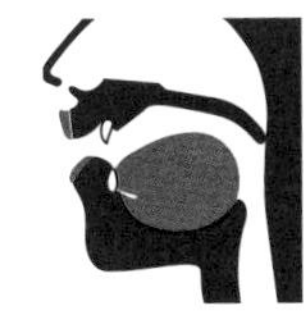

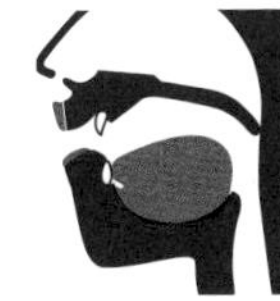

単母音6	型		
	三角笛・深い	自然舌・フラット	
ɑː hot 長い			

Rhonda's policy to not get involved in politics was the opposite of her father's.

ɑ́ː　ɑ́ː　ɑː　ɑ́ː　ɑ́ː　ɑː　ɑ́ː　ɑ́ː

（ロンダさんの政治に関わらない主義は、父親とは正反対でした）

長い音です。あくびの口感覚に似ています。リーダーは舌の真ん中です。動画を観ながら、基本位置から始めましょう。

笛：三角笛・深いに変わります。あごをぶら下げ、上唇・口角・頬を浮かせ、下唇をスライドし（ここまでが基本位置）、あくびをするように、あごをさらに深くぶら下げます。

◯あごは深くぶら下がり
◯上唇・口角・頬はぶよっ
◯下唇はツルッとスライド

←正
誤→
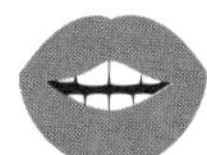

舌：自然舌・フラットに変わります。舌の真ん中をプシューッと平らに広げます。舌の目玉は下唇裏の体温をぬくぬく感じます。

◯舌の真ん中がプシューッ
◯上歯・口蓋に触らず
◯下唇裏ぬくぬく
◯縁はぼんやり下歯裏

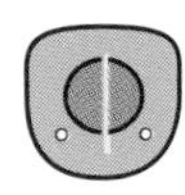

あくびみたいな口だね。

比較練習

Track 14

ɔː hawk				ɑː hot			
hawk	hɔːk	名	タカ	hot	hɑːt	形	熱い
talk	tɔːk	動	話す	top	tɑːp	名	頂上
naught	nɔːt	名	無	not	nɑːt	副	…でない
gauze	gɔːz	名	ガーゼ	God	gɑːd	名	神
Paul	pɔːl	人名	ポール	pot	pɑːt	名	深鍋
bought	bɔːt	動	buy 過/過分	bog	bɑːg	名	沼地
walk	wɔːk	動	歩く	wok	wɑːk	名	中華鍋
shawl	ʃɔːl	名	肩かけ	shock	ʃɑːk	名	衝撃

比較練習

Track 15

ʌ up				ɑː hot			
hut	hʌt	名	小屋	hot	hɑːt	形	熱い
come	kʌm	動	来る	calm	kɑːm	形	穏やかな
funk	fʌŋk	名	おじけ	fond	fɑːnd	形	…を好んで
luck	lʌk	名	運	lock	lɑːk	名	錠
suck	sʌk	動	吸う	socks	sɑːks	名	靴下（複）
shut	ʃʌt	動	閉める	shot	ʃɑːt	名	発砲
chubby	tʃʌ́bi	形	まるまる太った	chop	tʃɑːp	動	ぶち切る

コーヒーを頼んだはずなのに、なぜかコーラが…

Video DAY 3

「レストランで**coffee**を注文したら、コーラ（**Coke**）が出てきました」。これまで多くの日本人から受けた相談です。この原因は日本語の口の開け方です。日本語ではコーヒーもコークも同じ「コー」で始まりますね。ところが英語は違います。図のcoffeeとCokeの発音記号を見ると、**k**音に続く母音が全く違う音であることがわかります。

coffee	k	ɔ́ː	f	i

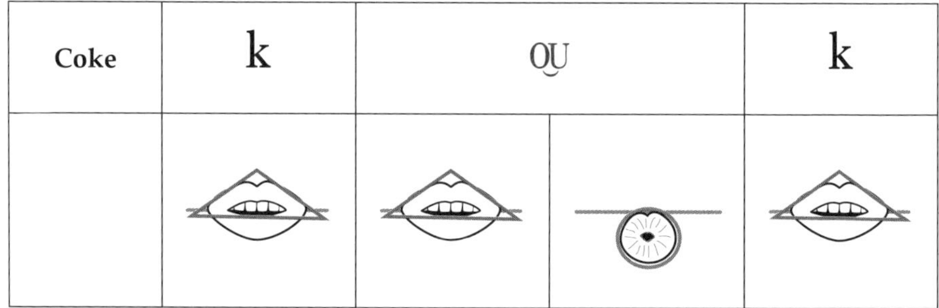

Coke	k	oʊ		k

このように、発音記号が口の形を教えてくれるのですが、中でも重要なポイントが、上唇の高さと状態です。coffeeの口の形は、最初から最後まで上の前歯が見えています。つまり上唇を浮かせておく必要があります。coffeeと英語で言いながら、上唇が上の前歯を覆わないことを、鏡で確認しましょう。

一方Cokeは、途中でドーナツ笛が入っているので、いったん上唇が下に伸び、上の前歯を隠します。この口と日本語の「コー」は、口の中こそ違うものの、ちょっと形が似ていると思いませんか？　息が上唇にぶつかってから出るという点で、coffeeよりは響きも近いのです。

ザワザワしたお店のスタッフは、耳に届く音の響きを頼りにオーダーを取っています。「ドリンクは？」と聞いたら、日本語の「コー」という音が聞こえたので、Cokeと誤解されてしまったのです。上唇を自然に上に浮かす効果的な練習方法は、スライド練習の「妖怪ほぐし」(p.30)です。

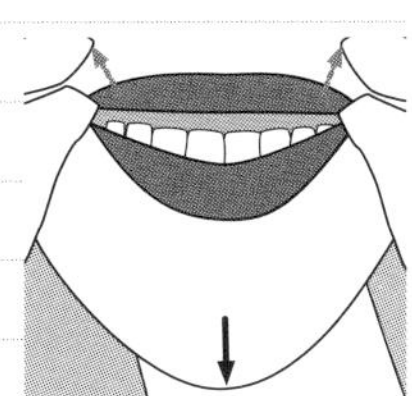

ちょっと詳しすぎる 飛ばし読みコーナー 

 Video DAY 3

母音の長さはさらに伸縮する

本書では、母音の長さを、短い、短め、長め、長い、と4種類に分類してあります。実際に発せられる音の長さは次の条件によって、さらに少し伸び縮みします。

1．強いと少し長めになり、弱いと少し短めになる。

2．その音が

A：単語の最後に来た場合（例：sir, fee, true）と

B：有声子音につながる場合（例：doom, learn, dog）は少し長めになる。

3．その音が

C：無声子音につながる場合（例：loose, caught, irk）と

D：同じ単語内で母音につながる場合（例：being, doer）は短めになる。

例：palmの母音ɑːはもともと長い母音。有声子音mの前では、より長くなります。hotでは、同じ母音ɑːが無声子音tにつながるので、少し短くなります。

sir	fee	true	doom	learn	dog	loose	caught	irk	being	doer
sɚː	fiː	truː	duːm	lɚːn	dɔːg	luːs	kɔːt	ɚːk	bíːɪŋ	dúːɚ

DAY ▸▸ 4 | 単母音③

Video DAY 4　Track 16

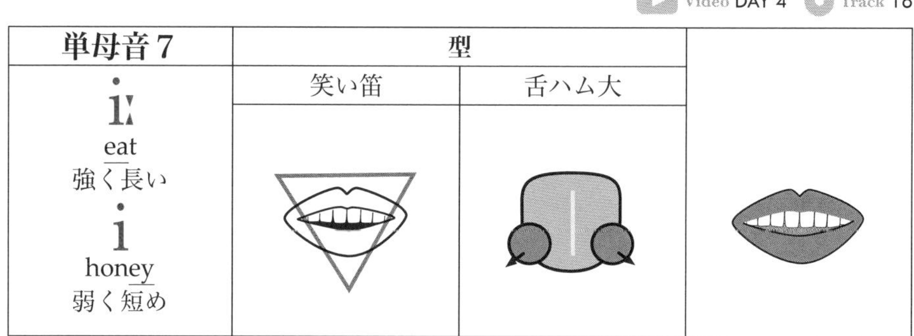

単母音 7	型		
	笑い笛	舌ハム大	
iː eat 強く長い i honey 弱く短め			

You see? There are twenty teachers on the ferry eating Indian curry in a hurry.

iː　　i　iː　　i　iː　　i　　i　　i

（見て、フェリーボートで 20 人の先生が慌ててインドカレーを食べているわ）

強いと長い音ですが、honey の ey のように i が弱い音節だと、長さも短めになり、ː が消えます。この２つは同じ音です。

リーダーは舌横です。動画を観ながら、基本位置から始めましょう。

笛：笑い笛に変わります。あごをぶら下げ、上唇・口角・頬を浮かせ、下唇をスライドし（ここまでが基本位置）、大笑い筋（下図）をカーテンのように斜め上に開き、顔の上半分だけで笑う感覚です。舌の目玉と下唇の内側は、べったり触ります。下の歯は完全に隠しましょう。

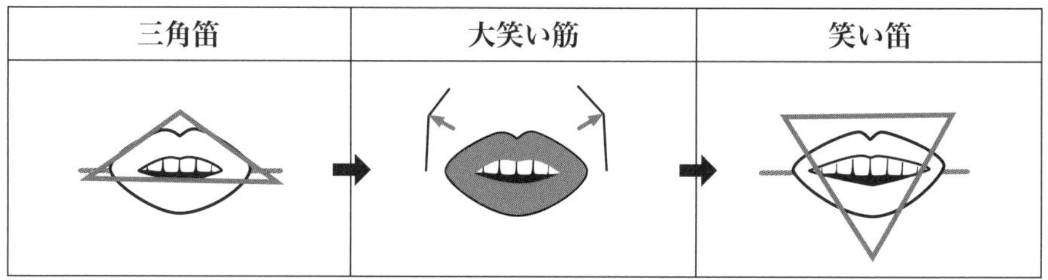

三角笛	大笑い筋	笑い笛

〇あごはふんわりぶら下がり
〇上唇・口角・頬はぶよっ
〇下唇はツルッとスライド
〇大笑い筋カーテンが開く

舌：舌ハム大に変わります。舌全体が泡風呂のように、ぶくぶくと斜め前に向かって盛り上がります。舌横は上歯にべったりつきます。目玉がぷっくり大きく膨らみ（右下のイメージ）、上歯③まで（後ろからすべて）ペタッと触ります。具だくさんのハムサンドの横からブニュッとはみ出る、ハムのようです。

〇舌はぶくぶく 泡風呂
〇横は上歯にべったり
〇目玉ぷっくり　下歯・下唇裏にベター
〇上歯③（→ p.18）にペタッ

比較練習

Track 17

ʌ up				iː/i eat / honey			
cut	kʌt	動	切る	key	kiː	名	かぎ
ton	tʌn	名	トン	teen	tiːn	形	10代の
fuss	fʌs	名	無用な騒ぎ	feast	fiːst	名	（豪華な）宴会
luck	lʌk	名	運	leak	liːk	動	漏る
suck	sʌk	動	吸う	seek	siːk	動	探す
shut	ʃʌt	動	閉める	sheet	ʃiːt	名	敷布
chump	tʃʌmp	名	短い丸太切れ	itchy	ítʃi	形	かゆい
jump	dʒʌmp	動	跳び上がる	jeep	dʒiːp	名	ジープ

筋ゆる先生の「大笑い筋は頬杖で」

大笑い筋…？　ああ、大頬骨筋のことですね。これは確かに日本人が使い慣れていない筋肉なので、はじめから筋肉で上げようとするとピクピクしちゃって、余計に緊張して失敗します。

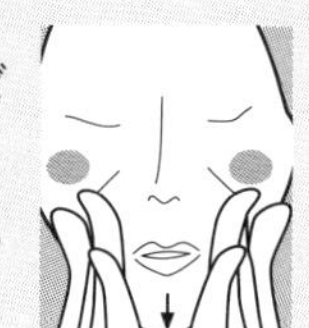

はじめは右図のように頬杖をついたまま、手を使って支え、ぼうっとし、口の感覚を覚えてから手を離すようにしましょう。これが、体感するためのめちゃくちゃ良いコツなのです。そのあとで、大笑い筋をゆるめに鍛えましょう。

単母音8	型		
	笑い笛	舌ハム小	
ɪ it 短め			

An Italian designer illustrated this symbolic picture to express his religious belief.

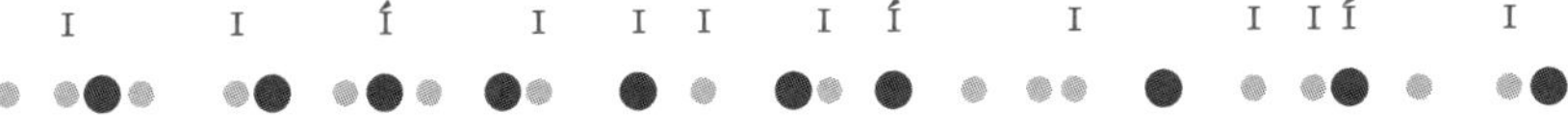

(イタリア人のデザイナーは、この象徴的な絵で彼の宗教的な信念を表しました)

この音は先ほど習った iː (eat) / i (honey) と音色が違います。小文字の i と大文字の ɪ は別物として、シンプルに覚えましょう。

単母音7 の音色（小文字）		単母音8 の音色（大文字）
iː eat	i honey	ɪ it
強く 長い	弱く 短め	短め

小文字の i の音色と
大文字の ɪ の音色は
違うんだね。
小文字の i は強調されると
長くなって iː になるのか。

リーダーは舌横です。動画を観ながら、基本位置から始めましょう。

笛：笑い笛に変わります。あごをぶら下げ、上唇・口角・頬を浮かせ、下唇をスライドし（ここまでが基本位置)、大笑い筋（右下の図）をカーテンのように斜め上に開き、顔の上半分だけで笑う感覚です。舌の目玉と下唇の内側は、べったり触ります。下の歯は完全に隠しましょう。

◯あごはふんわりぶら下がり
◯上唇・口角・頬はぶよっ
◯下唇はツルッとスライド
◯大笑い筋カーテンが開く

←正
誤→

舌：舌ハム小に変わります。舌全体が泡風呂のように盛り上がり、目玉を中心に(舌ハム大よりは) 小さめにふんわり膨らみます。舌横が、上奥歯から上歯④まですべてに、ペタッと触ります。

◯舌はぶくぶく泡風呂
◯横は上歯にべったり
◯目玉ふんわり　下歯・下唇裏にベター
◯上歯④にペタッ

もう辞書で悩まない！ iː (eat) / i (honey) / ɪ (it) の簡単な見分け方

日本の英和辞典でよく使われる発音記号システムでは、これら3つの発音記号の違いがわかりにくいものです。辞書はフォントサイズが小さい上に、アクセントマークが母音の真上に来ることで、iː / i / ɪ の見た目が似通ってしまうためです。そんなときに確実に見分ける、とっておきのコツをお教えします。

3つの記号の見分け方

1) まず ː が右隣にあれば必ず iː (eat) です。

pre・vi・ous /príːviəs/

2) ː がなく、小文字の i の上の丸が見えれば i (honey) です。

mon・ey /mʌ́ni/

3) そうでなければ、音色は必ず ɪ (it) です。

強弱の判断の仕方

多音節語の場合：記号の上に斜め線（アクセントマーク）がある母音は必ず強く発音し、なければ弱く発音します。

単音節語の場合：単音節語の唯一の母音に、斜め線（アクセントマーク）がついている辞書と、ついていない辞書とがあります。単音節語は、（アクセントマークがあってもなくても）文脈から考えて強調すべき単語のみを強く、それ以外の単音節語は基本的に弱めに発音する癖をつけましょう。文脈から見分けるコツは、本書の実践編（p.217）で説明しています。

例：多音節語でアクセントマークあり→必ず強く

It・a・ly /ítəli/

例：多音節語でアクセントマークなし→必ず弱く

sig・nif・i・cance /sɪgnífɪkəns/

例：単音節語は、アクセントマークの有無に関わらず、意味合い的に重要であれば強く、それ以外は弱めに発音します。

hill /híl/

以上のポイントを覚えておけば、辞書を見た瞬間に判断できるようになります。
注：ただし辞書や教材によっては、二重母音（eɪ ɑɪ ɔɪ ɪɚ）の表記が一見 iː /i/ɪ と区別しづらいものも多いので、その点にも少し注意が必要です。本書の発音記号は二重母音の記号の下には曲線があるので、すぐにわかります。

比較練習

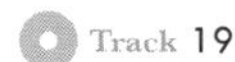

ʌ up				ɪ it			
hum	hʌm	動	鼻歌を歌う	him	hɪm	代名	彼を
come	kʌm	動	来る	Kim	kɪm	人名	キム
gun	gʌn	名	拳銃	give	gɪv	動	与える
tuck	tʌk	動	端を押し込む	tick	tɪk	名	カチカチ（音）
fun	fʌn	名	楽しみ	fin	fɪn	名	（魚の）ひれ
love	lʌv	名	愛情	live	lɪv	動	住む
won	wʌn	動	win 過/過分	win	wɪn	動	勝つ
sun	sʌn	名	太陽	sin	sɪn	名	罪
shun	ʃʌn	動	避ける	shin	ʃɪn	名	向こうずね
chump	tʃʌmp	名	短い丸太切れ	chimp	tʃɪmp	名	チンパンジー

比較練習

iː eat				ɪ it			
heat	hiːt	名	熱さ	hit	hɪt	動	打つ
reach	riːtʃ	動	到着する	rich	rɪtʃ	形	金持ちの
team	tiːm	名	チーム	Tim	tɪm	人名	ティム
deep	diːp	形	深い	dip	dɪp	動	ちょっと浸す
neat	niːt	形	きちんとした	knit	nɪt	動	編む
peak	piːk	名	山頂	pick	pɪk	動	選ぶ
bean	biːn	名	豆	been	bɪn	動	be 過分
meat	miːt	名	肉	mitt	mɪt	名	長手袋
seat	siːt	名	腰かけ	sit	sɪt	動	座る
Jean	dʒiːn	人名	ジーン	gin	dʒɪn	名	ジン

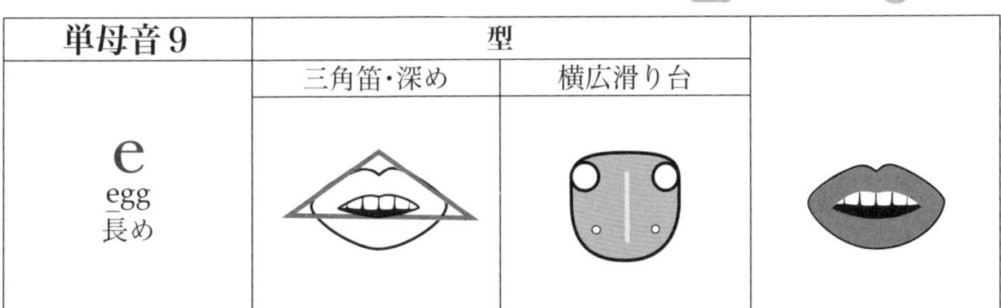

単母音9	型		
	三角笛・深め	横広滑り台	
e egg 長め			

At the end of the seminar, they measured Beth's mental growth by her stress level.

(学期末、彼らはベスのストレス度合から彼女の知的発育を測定した)

リーダーは舌横後部です。動画を観ながら、基本位置から始めましょう。

笛：三角笛・深めに変わります。あごをぶら下げ、上唇・口角・頬を浮かせ、下唇をスライドし（ここまでが基本位置）、あごをさらに深めにぶら下げます。

◯あごは深めにぶら下がり
◯上唇・口角・頬はぶよっ
◯下唇はツルッとスライド

←正
誤→

舌：横広滑り台に変わります。「舌の目玉」2点に意識を集中しながら、下唇裏の体温を感じます。舌横後部2点をしなやかに持ち上げ、上奥歯にピタッとつけ、舌全体で横幅の広い滑り台を作ります。

◯プルプルのババロア
◯目玉に意識集中
◯下唇裏ぬくぬく
◯縁はぼんやり下歯裏
◯舌横後部が上奥歯にピタッ

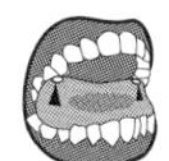

比較練習

ʌ up				e egg			
gut	gʌt	名	消化管	get	get	動	得る
run	rʌn	動	走る	rent	rent	名	家賃
done	dʌn	動	do 過分	den	den	名	(野獣の) 穴
but	bʌt	接	しかし	bet	bet	動	賭ける
sun	sʌn	名	太陽	cent	sent	名	セント
chuck	tʃʌk	名	投げること	check	tʃek	動	調べる

比較練習

ɪ it				e egg			
hid	hɪd	動	hide 過/過分	head	hed	名	頭
tin	tɪn	名	ブリキ	ten	ten	名	10
lint	lɪnt	名	糸くず	lent	lent	動	lend 過/過分
pin	pɪn	名	ピン	pen	pen	名	ペン
bit	bɪt	名	わずか	bet	bet	動	賭ける
mint	mɪnt	名	ミント	meant	ment	動	mean 過/過分
will	wɪl	助動	…だろう	well	wel	副	満足に
sit	sɪt	動	座る	set	set	名	セット

単母音10	型		
	笑い笛・深い	セーフ	
æ act 長め			

Pam sat with a black cat in the attic and laughed about the campy reality show.

æ æ æ æ ǽ æ æ ǽ ǽ

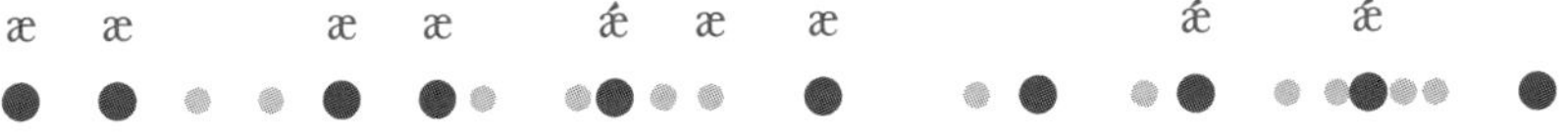

(屋根裏部屋でパムは黒猫と一緒にふざけたリアリティ番組を見て笑った)

リーダーは舌横広範囲です。動画を観ながら、基本位置から始めましょう。

笛：笑い笛・深いに変わります 。あごをぶら下げ、上唇・口角・頬を浮かせ、下唇をスライドし（ここまでが基本位置)、さらにあごを深くぶら下げながら、大笑い筋（右図）をカーテンのように斜め上に開き、顔の上半分、特に頬だけで笑う感覚です。舌の目玉と下唇の内側は、べったり触ります。下の歯は完全に隠しましょう。

◯あごは深くぶら下がり
◯上唇・口角・頬はぶよっ
◯下唇はツルッとスライド
◯大笑い筋カーテンが開く

舌：セーフに変わります。舌が、右下図のように目の前に置いてあるとします。野球の審判になって、両腕を「セ〜フ！！！」と開きながら、舌全体を斜め前に（右図の矢印の方向に）思い切り、ザバ〜と流し広げるのを想像しましょう。

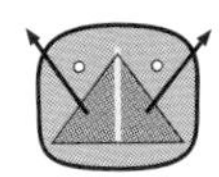

舌横広範囲（右図）は、上奥歯よりもずっと外側まで流され、口の横壁にベタ〜と密着します。舌横後部は上奥歯にカサッとかすります。舌後部は高めにキープされ、舌中央に大きなＶ字の影が出ます。舌先は尖りません。舌縁は丸みを帯びたまま、目玉は下唇裏にぺったりつきます。

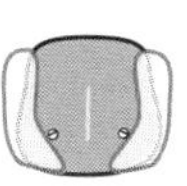

◯ババロアが
◯斜め前に「セ〜フ！」と流され
◯舌横広範囲がザバ〜
◯横壁にベタ〜
◯舌横後部は上奥歯にカサッ
◯目玉は下唇裏にぺったり
◯中央に大きなＶ字の影

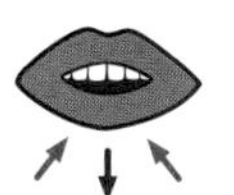

比較練習

Track 25

ʌ up				æ act			
up	ʌp	副	上へ	app	æp	名	アプリ
hut	hʌt	名	小屋	hat	hæt	名	帽子
cut	kʌt	動	切る	cat	kæt	名	猫
ton	tʌn	名	トン	tan	tæn	動	肌を焼く
fun	fʌn	名	楽しみ	fan	fæn	名	扇風機
run	rʌn	動	走る	ran	ræn	動	run 過
yum	jʌm	間投	おいしい	yam	jæm	名	ヤマノイモ
luck	lʌk	名	運	lack	læk	名	欠乏
but	bʌt	接	しかし	bat	bæt	名	コウモリ
mum	mʌm	形	ものを言わないで	ma'am	mæm	名	奥様
some	sʌm	形	いくらかの	Sam	sæm	人名	サム
chuck	tʃʌk	名	投げること	chat	tʃæt	名	おしゃべり

比較練習

Track 26

e egg				æ act			
Ed	ed	人名	エド	add	æd	動	加える
head	hed	名	頭	had	hæd	動	have 過/過分
Ken	ken	人名	ケン	can	kæn	助動	…できる
ten	ten	名	10	tan	tæn	動	肌を焼く
left	left	名	左	laughed	læft	動	laugh 過/過分
vest	vest	名	チョッキ	vast	væst	形	広大な
them	ðem	代名	彼らに	than	ðæn	接	…よりも
rent	rent	名	家賃	ran	ræn	動	run 過
bed	bed	名	ベッド	bad	bæd	形	悪い
bet	bet	動	賭ける	bat	bæt	名	コウモリ
pest	pest	名	害虫	past	pæst	名	過去
set	set	名	セット	sat	sæt	動	sit 過/過分

テスト1　単母音まとめ

DAY 2～4で、すべての単母音を学びました。単母音とは、1つの音色で出す、音節●•を持つ音です。全部で10種類の音色があります。単母音はリスニング力の土台、英語発音の根幹部分です。

ここで**テスト① 単母音まとめ**を受けてください。まだ自信のない方も、テストを受けることで、覚えるべき要点をすっきり整理できます。テストはゲームのように気楽に受けてください。満点になるまで繰り返しましょう。
テスト動画は slidemethod.com より無料で配信しています。

黒船でラムネ上陸

日本に輸入されて定着した、多くの外来語がありますね。例えばメリケン粉や、ラムネ。メリケン粉（小麦粉）はもともと、**American**粉。Americanの第一音節は弱くなるので、どう頑張ってもメリケンにしか聞こえなかったのでしょう。

そして懐かしのラムネ。もともとはペリー来航のときに**lemonade**と呼ばれたものが、ラムネに聞こえてそのまま定着したとか。

今ではイチゴ味のラムネが、ニューヨークのおすし屋さんに置いてあったりします。それを、アメリカ人のウエイトレスさんが、「これはRAMUNEと呼ばれるイチゴ味のジャパニーズソーダで、ビー玉が入っていますよ」と、お客さんに説明していました。もともとは英語のlemonadeだったなんて歴史を知ったら、ウエイトレスさんもお客さんも、かえって混乱してしまうでしょうね。もちろんレモンなんて原材料のどこにも書いてありません。

多言語がお互いに歩み寄りながら共存するニューヨークの街。色々な言葉の角度から観察してみるのも面白いかもしれません。

American	lemonade
ə mɛ́ɚ ə kən	lè mə néɪd
•　●　•　•	●　•　●

筋ゆる先生の 「よだれが出るのは正しい？」

練習してよだれが出ますか？　正解です。ご心配なく。日本人はあごを固めているので唾液の量が減り、口が渇く傾向にあります。ひどい場合はドライマウスと診断されることもあります。

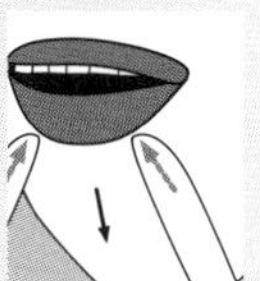

実はあごがゆるんで口の中によだれが増えるのは、健康のためにも嬉しいことなんです。その感覚に慣れると何とも思わなくなりますよ。しっかり下唇をスライド（右図）すれば、よだれが口から外にあふれることもありません。

Chapter 3

子音

「英語の質感を作る」

DAY ▸▸ 5 子音①

Video DAY 5

破裂音 / 鼻音

ここから子音に入ります。

p.42 では、母音＝音節であり、音節が英語のリズムを作ると説明しました。子音は母音の周りにつく飾り音のようなもの。つまり、英語の質感を作ります。
子音を覚えることは、物理の実験に似ています。口の中に空気圧がキュッと詰まって沈黙するときもあれば、パンッと破裂したり、グスッと鳴ったり、ガス漏れ音がしたり、金だわしでひっかくような音がしたりと、母音とはずいぶん違った、面白い質感を持ちます。
もちろん、日本語の子音とも全然違います。
正しい子音を1つひとつ習得していくと、英語発音に深みを与えるので、楽しいですよ。

注：本書では、リズムを作る音節の存在を常に感じていただくために、音節を持つ音（母音と、音節つき子音）の発音記号のみをピンク色にして、その他の子音（音節を持たない音）は黒に統一しました。

破裂音 / 鼻音

Video DAY 5

子音の最初は、破裂音6音と鼻音3音をセットで学びます。

IPA	種類
p (palm)	破裂音
b (beach)	
m (moon)	鼻音
t (talk)	破裂音
d (dance)	
n (now)	鼻音
k (car)	破裂音
g (girl)	
ŋ (sing)	鼻音

唇を閉じて、風船を膨らませるふりをしてみましょう。口の中に空気の圧力をキュッと感じますね。破裂音とはそういう音、つまり空気圧を口の中に感じる音です。

今度は、唇を閉じたまま鼻歌を歌ってみましょう。鼻音とは、口のある部位を閉じて鼻で歌う音、正に鼻歌です。空気は鼻から出ますから、空気圧は感じませんね。

はじめに習う3音は、p (palm) / b (beach) / m (moon) です。この3音は、笛と舌が同じで、違うのは天窓が閉じているか開いているか、そして声帯の状態だけです。

p (palm) と b (beach) は口の中に圧力がたまる「破裂音」。
m (moon) は鼻を通す「鼻音」です。

p (palm) は無声音で、声帯が鳴りません。喉仏（首の前面）を手で触っても、振動が起きません。
b (beach) / m (moon) は有声音で、母音と同じように声帯が鳴ります。喉（首の前面）を触ると、振動を感じます。

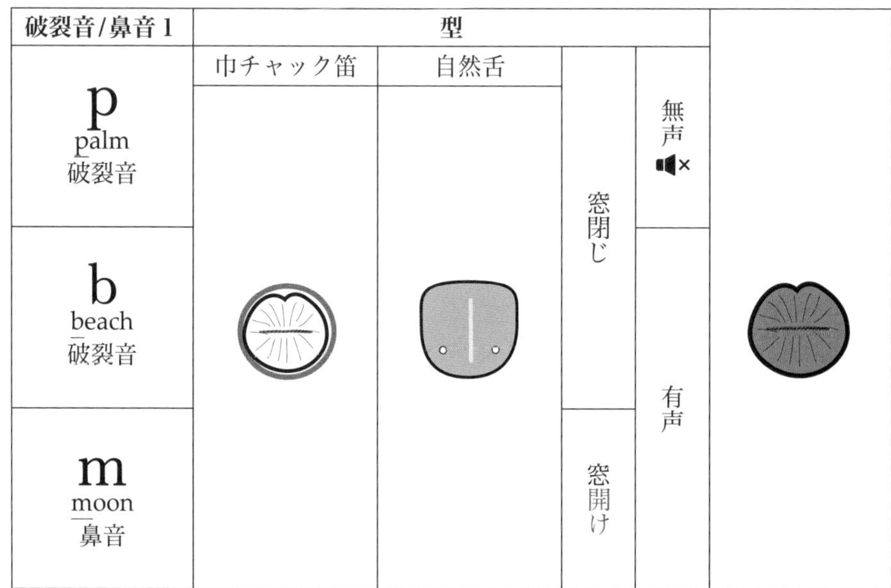

破裂音/鼻音1	型				
	巾チャック笛	自然舌			
p palm 破裂音			窓閉じ	無声	
b beach 破裂音				有声	
m moon 鼻音			窓開け		

Peter played “The Pink Panther” for happy, chubby baby boomers born in Brazil.

p p p p p b b b b b b

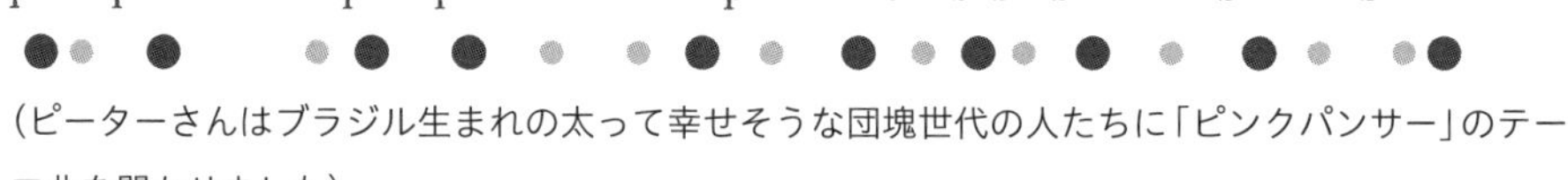

（ピーターさんはブラジル生まれの太って幸せそうな団塊世代の人たちに「ピンクパンサー」のテーマ曲を聞かせました）

Mom misses the mango mint smoothie that Mike made for the family in summer.

m m m m m m m m m m

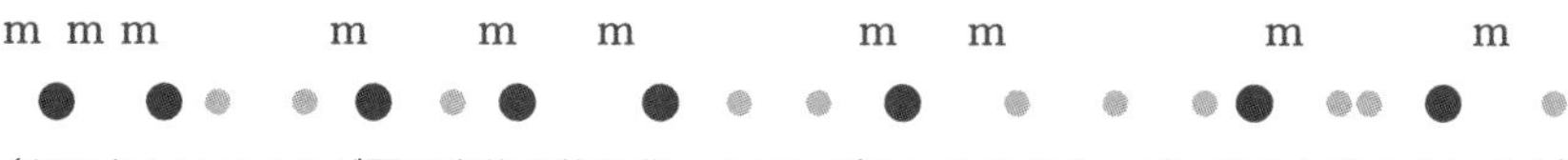

（お母さんはマイクが夏に家族の皆に作ったマンゴミントのスムージーをまた飲みたいのよ）

リーダーは「巾着のゴム」（右下の図）です。動画を観ながら、基本位置から始めましょう。

笛：巾チャック笛に変わります。あごをぶら下げ、上唇・口角・頬を浮かせ、下唇をスライドし（ここまでが基本位置）、下歯は落としたまま「巾着のゴム」をキュッと集め、唇内側の皮を真ん中で密封（チャック）します。小さなお饅頭をくわえ、つぶさないように唇を閉じるような状態です。下唇は半分内側に隠れ気味です。三角笛から巾チャック笛への口の動きは以下の通りです。

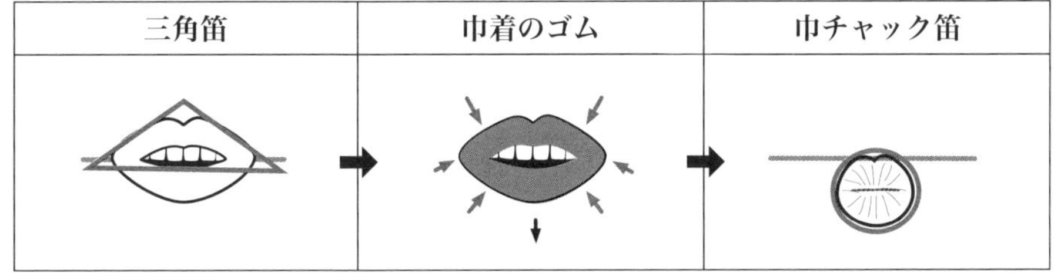

◯あごはふんわりぶら下がり
◯下唇はツルッとスライド
◯巾着のゴムをキュッ
◯真ん中で密封
◯下唇は隠れ気味

←正
誤→

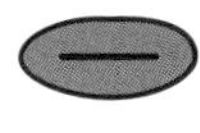
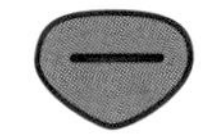

舌：自然舌のままです。舌の形状は斜めに傾きますが、舌自身は脱力です。

◯プルプルのババロア
◯目玉に意識集中
◯下唇裏ぬくぬく
◯上歯・口蓋に触らず
◯縁はぼんやり下歯裏

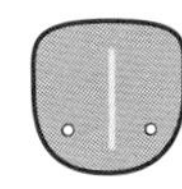

天窓：

p (palm) / b (beach)：**閉じ**ます。つまり鼻には息が漏れず、唇も密封されているので、息の出口がありません。口の中に空気圧をキュッと感じます。
しっかり鼻つまみチェック (p.44) をしましょう。

m (moon)：**開け**ます（右図参照)。唇は完全に密封されていますから、口から息は漏れません。代わりに天窓がフワッと下がり、鼻から声が出ます。口から息が漏れる場合は唇を密封する必要があります。スライドしながらあごを下げ、舌をふんわり落としながら、上下の唇をピタッと閉じましょう。

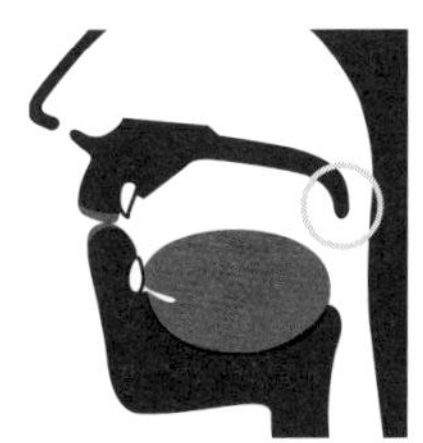

声帯：

p (palm)：**無声**音なので、喉仏が震えません。p (palm) の型を作っている瞬間、何も聞こえません。その沈黙が p (palm) の音そのものです。

b (beach) / m (moon)：**有声**音です。ʌ (up) を発音しながら巾チャック箇に変えてみましょう。息の出口がふさがれ、一瞬だけ、喉の振動音が聞こえます。その音が、b (beach) そのものです。m (moon) は鼻から伸び伸びと歌う、鼻音です。

破裂音とは —— 圧力をためる、正体不明な音

Video DAY 5

ここで「英語発音とは何か」を理解するための、とても大切なお話をします。お茶でも1杯飲んで、少し頭を休めてから、動画と一緒に始めましょう。

少し昔になりますが、オードリー・ヘップバーンという女優さんがいました。そして、Hepburnの英語発音が通じなくて悩む日本人もたくさんいました。

なぜ通じなかったのでしょうか。日本人の私たちは、「プ」とか「パ」とか「ポ」と言ってはじめて「pの音を言ったぞ！」と思いますよね。

ところがアメリカ人にとって、pはそんな音ではないのです。pは、唇を閉じて、息を口の中にキュッと**ため続けている状態**をさします。唇を離した瞬間ではなくて、**その前の状態**です。それがpです。そこから直接次の音につながるため、次の音の口の条件によっては、日本人が「pの音を言ったぞ！」と感じるような音が聞こえなくなることがあります。

母音は音がわかりやすかったですね。「この母音はこんな音だなあ」と、はっきり聞き取ることができました。ところがpやbなどの破裂音は、実際に発音している間は何の音なのかわからない、正体不明な音なのです。

ヘップバーンが通じなかった理由を、発音記号から探してみましょう。

hépbən

見ていただきたいのが、この下線部分です。pの直後にbの音が来ます。

なぜここが大事かというと、破裂音はその後にどの音が来るかによって、音の印象が大きく変わるからです。p が聞こえない感じがする理由を知りたければ、次の b の音との型の違いを比べてみればよいのです。

hé<u>pb</u>ɚn

p (palm)	巾チャック笛のまま	自然舌のまま	天窓 閉じたまま	無声音から
↓ b (beach)				↓ 有声音に

笛は同じ巾チャック笛。つまり唇は密封したままですね。舌も自然舌のままで、天窓も閉まったままです。変わるのは声帯だけです。

破裂音は口の中にキュッと空気圧のたまる音でした。空気圧を感じられない方は、風船を膨らませてみればすぐにわかります。風船がまだ固くて、膨らませようとして膨らまない瞬間の口感覚と全く同じです。その現象を一瞬口の中で作るのです。

同じ感覚のまま、声帯を震わせ、声を出そうとすると b の音になります。一瞬だけ聞こえる、何とも不思議な音です。動画と一緒にやってみましょう。

ここで p だなあと感じる音が聞こえなかった理由は、p から b に直接移行したために、p の直後に空気圧が飛び出す穴が生まれなかったからです。そして b の音の終わりまで圧力がたまり続け、b から ɚ に移行する瞬間に、はじめて空気圧がポンと外に飛び出します。

スライドメソッドでは、
○型の**状態**を作っている間に聞こえる音を「**状態音**」と呼び
○破裂音が**終わった瞬間**に聞こえる音を「**終音**」と呼びます。
この２つを分けて考えてはじめて、破裂音をシンプルに理解できるようになります。

	p (palm)	b (beach)	ɚ (percent)
	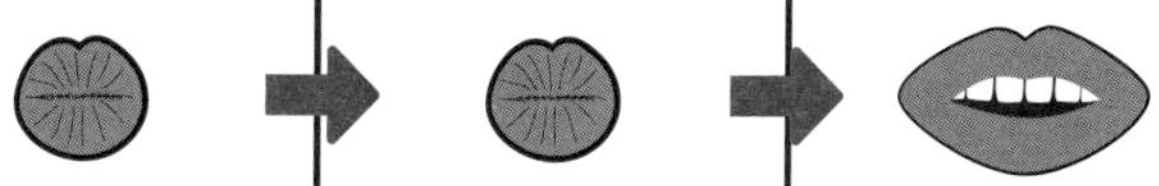		
状態音	圧力つき沈黙 何も聞こえない	圧力つき喉の振動音 よく聞こえない	唇が割れて ɚの音が始まる
終音	何も 聞こえない	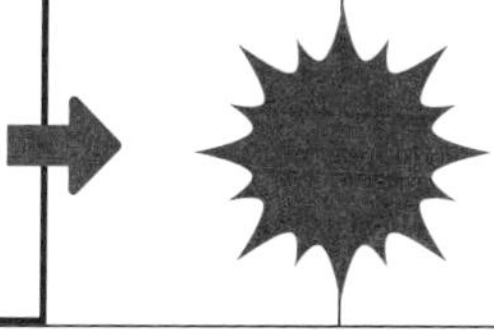	

ところで、p らしい音が耳に聞こえないからといって、p を飛ばしてしまってはいけません。p は、唇を閉じて息を口の中にキュッとため続けている状態なのですから。そこで聞こえる「沈黙」を、聞き手はしっかり聞いています。

○**破裂音**の状態音は、いつも同じです。例えばpの状態音は常に、圧力つき沈黙です。

○破裂音が終わった瞬間に起こりうる終音は、次の音によって大きく変わります。Hepburnのpからbに変わる瞬間のように全く聞こえないこともありますし、このbからɚに変わる瞬間のようにはっきり聞こえることもあります。

終音が沈黙であろうと爆発音であろうと、正しい型の動きによってのみ、正しく空気圧がたまったり、開放されたりして、その音が聞こえます。その音が聞こえてはじめて、その前にあった破裂音の存在が証明されるのです。

破裂音が最後に来る場合の、音の終わらせ方

Video DAY 5

破裂音が単語の最後に来て、そこでフレーズやセンテンスが終わる場合の、音の終わらせ方を説明します。例えば
"I'll show you the map." と言った場合の最後の p の終わらせ方です。

破裂音は、口のどこかを密封することで圧力をためる音ですが、その密封した部位（p/b なら両唇）を、基本位置の方向に向かって扉をパッと開くように割り、同じ瞬間に、肺からの息を止め、すっきりと終わらせます。

唇の動きを厳密に作る必要があります。イラストで見てみましょう。スライドしながら上唇を上に開き、浮かすように休めます。下唇を下に引っ張るのをやめましょう。日本人の場合は舌が固まってしまいますから。

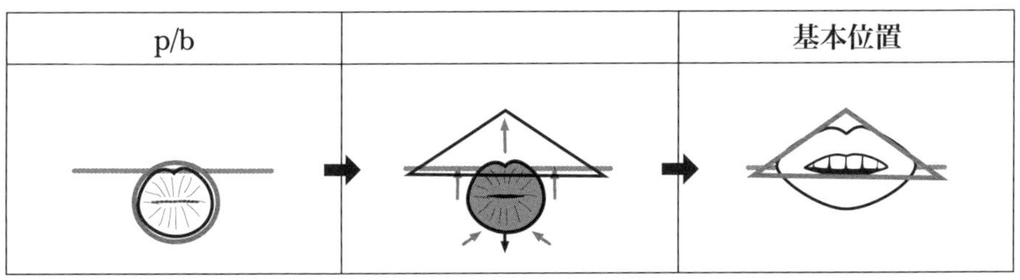

比較練習

Track 28

p palm		窓閉　無声		b beach		窓閉　有声		m moon		窓開　有声	
pun	pʌn	名	駄洒落	bun	bʌn	名	小型の丸いパン	mud	mʌd	名	泥
perm	pɚːm	名	パーマ	bird	bɚːd	名	鳥	murk	mɚːk	名	暗黒
pond	pɑːnd	名	池	bond	bɑːnd	名	束縛	mop	mɑːp	名	モップ
pen	pen	名	ペン	Ben	ben	人名	ベン	men	men	名	man 複
P	piː	名	P	B	biː	名	B	me	miː	代名	私を
pit	pɪt	名	掘って作った穴	bit	bɪt	名	少し	mitt	mɪt	名	長手袋
lap	læp	名	膝	lab	læb	名	実験室	lamb	læm	名	子羊
pat	pæt	動	軽く叩く	bat	bæt	名	コウモリ	mat	mæt	名	マット

習った音だけ復習①

動画で詳しく説明していますから、動画と一緒に始めましょう。ここで出てくる単語やフレーズは、すでに学んだ音だけでできています。

動きがわかりにくい箇所があれば、鏡を見ながら笛の形を整え、スライドの動きをさりげなく織り込むようにしましょう。
例：B は、発音記号にすると biː です。b (beach) は「巾チャック笛」、iː (eat) は「笑い笛」と習いました。なので笛の動きは○から▽です。笛から笛の動きはすべてパターンとして覚えてしまうと、簡単です（詳しくは動画をご覧ください）。発音記号の母音部分に色をつけました。母音の下の●が音節です。

三角笛	ドーナツ笛	巾チャック笛	笑い笛
	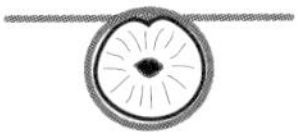	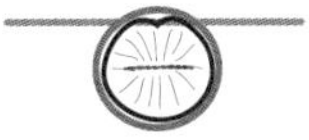	

	IPA	笛の動き		IPA	笛の動き
B	biː ●		me	miː ●	
beep	biːp ●		beam	biːm ●	
bib	bɪb ●		map	mæp ●	
Bob	bɑːb ●		pop	pɑːp ●	
bomb	bɑːm ●		boom	buːm ●	

DAY ▸▸ 6 | 子音②

Video DAY 6　Track 29

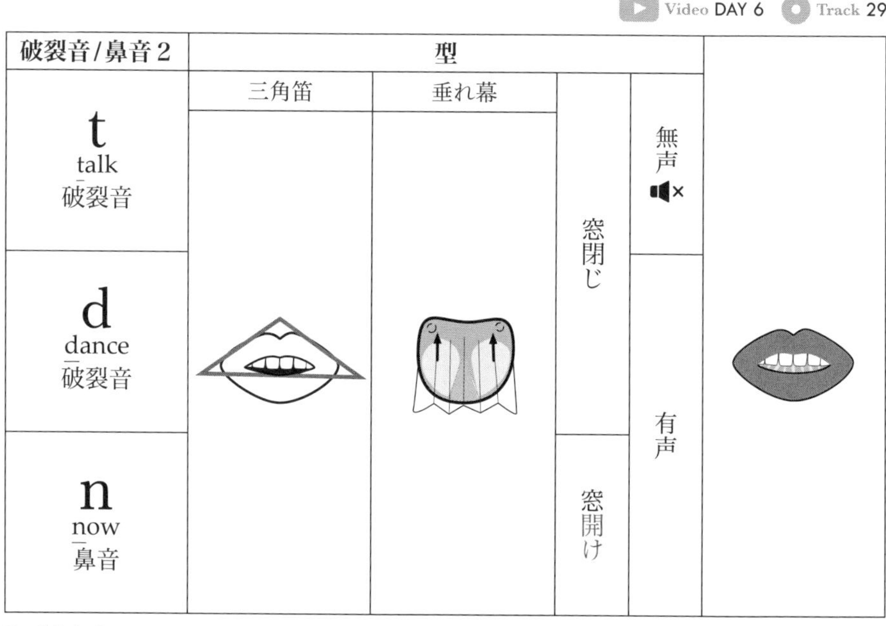

破裂音/鼻音2	型				
	三角笛	垂れ幕			
t talk 破裂音			窓閉じ	無声	
d dance 破裂音			窓閉じ	有声	
n now 鼻音			窓開け	有声	

Daddy's been on a strict dairy-free, vegetarian diet for the last two decades.

d d t t d t d t tt d d

(今まで20年間、お父さんは厳格な菜食主義者で乳製品も食べなかった)

Dan made no comments about the Lincoln Tunnel accident that he had witnessed.

n n n n n n n

(ダンは自分が目撃したリンカーントンネル内の事故について語らなかった)

リーダーは★2点（右図）です。動画を観ながら、基本位置から始めましょう。

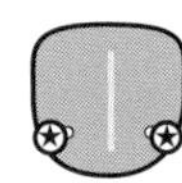

笛：三角笛のままです。あごをぶら下げ、上唇・口角・頬を浮かせ、下唇をスライドします。

◯あごはふんわりぶら下がり
◯上唇・口角・頬はぶよっ
◯下唇はツルッとスライド

舌：垂れ幕に変わります。必ず動画を観てから始めましょう。

垂れ幕の準備練習：
まず、舌を1枚の布のようにイメージします。

1）基本位置から、舌横後部を上奥歯に軽くつけます。単母音の e (egg) と同じ舌です。
2）今、上歯につけた舌横部分に加え、その5ミリ前も上歯に軽くつけます。
3）今までつけたところを離さずに下から上に向かってキュッと押さえながら、舌先を軽く上歯①（右図参照）裏と歯茎の間に、垂直につけます。

1）から3）を繰り返します。「舌横が上歯についた後に、舌先もつく」という順番に慣れる必要があります。あごは一切動かさずに、舌もゆるんだままできるようになってから、先に進みます。

今度は、★2点（右下図）のみを使い、スピーディーに同じ動きをします。舌を1枚の布とイメージし、★を上歯③〜④の歯の間に、下から上に向かってピタッとつけ、舌先は遅れて、上歯①裏と歯茎の間に、ピタッとつけます。舌の後ろ側は右図の垂れ幕のようにたらりと垂らし、しなやかな舌で口に薄い膜を張ります。その膜が息の流れをせき止めるので、破裂音 t (talk) / d (dance) では、口内にキュッとした空気圧を感じます。

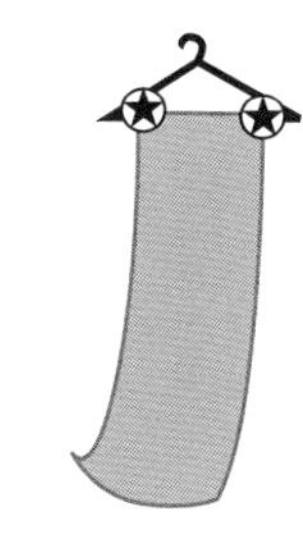

◯舌は1枚の布
◯★が上歯③〜④にピタッ
◯先は遅れて前歯裏にピタッ
◯舌裏は下唇裏に寄りかかり
◯後ろはたらり

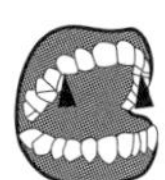
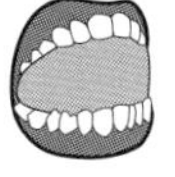

天窓：

t (talk) / d (dance)：**閉じ**ます。日本人にとって、特に息が鼻に漏れやすい音です。しっかり鼻つまみチェックをしましょう。

n (now)：**開け**ます。舌で膜を張って密閉していますから、口から息は漏れません。代わりに天窓がフワッと下がり、鼻から鼻歌のように声が出ます。口から息が漏れていたら、スライドしながらあごをぶら下げ、舌後部をゆるめることで密封を可能にします。

声帯：

t (talk)：**無声**音です。無声・破裂音ですから、これを発音する間、耳には何も聞こえません。状態音は圧力つき沈黙（→ p.85）です。

d (dance) / n (now)：**有声**音です。

d (dance) の状態音は、圧力つき喉の振動音です (→ p.85)。ʌ (up) の音を出しながら、舌だけを垂れ幕に変えてみましょう。密閉された舌の裏側で、喉の振動音が聞こえます。

n (now)：鼻から伸び伸びと歌う、鼻音です。

比較練習

Track 30

t talk	窓閉	無声		d dance	窓閉	有声		n now	窓開	有声	
turn	tɚːn	動	回転させる	dirt	dɚːt	名	不潔なもの	nerve	nɚːv	名	神経
talk	tɔːk	動	話す	dawn	dɔːn	名	夜明け	naught	nɔːt	名	無
ten	ten	名	10	den	den	名	(野獣の)穴	net	net	名	網
pot	pɑːt	名	深鍋	pod	pɑːd	名	さや	pond	pɑːnd	名	池
two	tuː	名	2	do	duː	動	行う	new	nuː	形	新しい
T	tiː	名	T	D	diː	名	D	knee	niː	名	膝
hit	hɪt	動	打つ	hid	hɪd	動	hide 過/過分	hint	hɪnt	名	ほのめかし
tip	tɪp	名	先端	dip	dɪp	動	ちょっと浸す	nip	nɪp	動	挟む
mat	mæt	名	マット	mad	mæd	形	狂った	man	mæn	名	男

"You can? Or can't?"

Video DAY 6

「"I can't do it." と言ったつもりが、"I can do it." に聞こえてしまい、何度も聞き返されます」という相談をよく受けます。発音記号を並べてみましょう。

can't do kænt duː

IPA	笛	舌	天窓		声帯	状態音
n	三角笛のまま	垂れ幕のまま	開		有声	鼻から出る
t			閉		無声	圧力つき沈黙
d					有声	圧力つき喉の振動音

can do kæn duː

IPA	笛	舌	天窓		声帯	状態音
n	三角笛のまま	垂れ幕のまま	開		有声	鼻から出る
d			閉			圧力つき喉の振動音

can't は t (talk) を通ります。t (talk) の状態音は「圧力つき沈黙」です。
その後に声帯が鳴り始め、d (dance) に変わります。
わずかな時間ですが、この t (talk) の「沈黙」が入ることで「今のは否定形だったなあ」と感じるのです。

逆に肯定形 can do では、この t (talk) の「沈黙」がないので、k (car)（→p.96）が終わった後、最後まで声帯が鳴り続けます。
kæn duː ← つまり、このピンクの網かけの中はずっと有声音です。

速く話す人はうまい？

英語は速く話せば通じやすいし、うまく聞こえるような気がしますか？　急いで話したことで、その場をうまく切り抜けたような気がすることも、確かにありますね。

ところが、発音を曖昧にして速く話せば、聞き手は多くの言葉を聞き漏らしているものです。そしてそれ以上に深刻なのは、急いで話す人の放つ「聞き返さないで！」というオーラです。そのオーラのために、内容が理解できなくても、表面的に会話を終わらせることになります。

昔通ったNYの英語学校のアメリカ人の先生の話を今でも思い出します。「発音のせいで何を言っているのかわからない人の話にはね、“That's interesting.”と相槌を打っておくのよ。“Interesting”はポジティブにもネガティブにも対応できる万能の言葉なんだから」。
この話、私は1人の外国人として、背筋が凍るような気持ちで聞いたものです。

このようにごまかしの相槌を打たれながら、速くしゃべる日本人は格好良いでしょうか？　私は、今の自分のできる限り良い発音で、堂々とゆっくり話せる人を、とても素敵だと思います。相手に聞き返してもらえれば、自分の間違いに気づきやすいので発音も上達しますし、その素直な態度から、深い友情も築きやすいように思います。

発音の間違いは、決して恥ずかしいものではありません。また不思議なもので、大恥をかいた経験すら、後で振り返ると自慢の笑い話となるものです。昨日の自分が知らなかった単語の発音を、今日1つ学ぶ。それだけで十分です。辞書を見ればわかりますが、言葉は無数に存在します。その真実は、母語の中に生きるアメリカ人にとっても同じこと。どの言葉の発音をどの順番で学ぶかは、個人の自由です。新しい言葉を1つずつマイペースに学んでいく謙虚な姿勢こそが、最も確実な成功への道だと信じています。

習った音だけ復習②

動画と一緒に始めましょう。難しい箇所があれば、まずは笛の動きだけを練習するとよいでしょう。
△：三角笛 / ◎：ドーナツ笛 / ○：巾チャック笛 / ▽：笑い笛です。

三角笛	ドーナツ笛	巾チャック笛	笑い笛

	IPA		IPA
at	æ t ●	done	d ʌ n ●
not	n ɑː t ●	term	t ɚː m ●
India	ɪ́ n d i ə ● • •	attend	ə t é n d • ●
a bit	ə b ɪ t • ●	but Mom	b ə t m ɑː m • ●
team	t iː m ●	be me	b iː m iː ● ●

DAY ▸▸ 7 | 子音③

Video DAY 7　Track 31

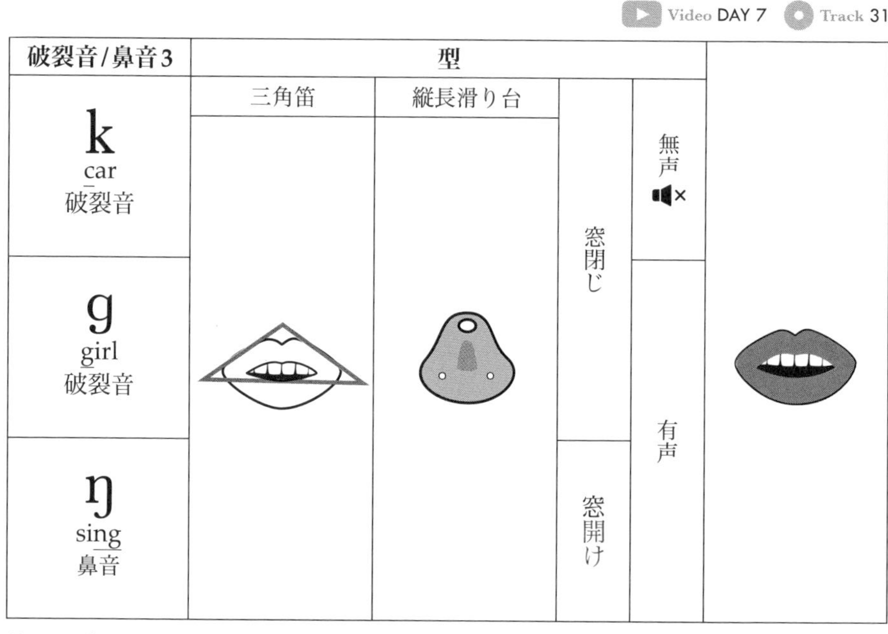

破裂音/鼻音3	型				
	三角笛	縦長滑り台			
k car 破裂音			窓閉じ	無声	
g girl 破裂音			窓閉じ	有声	
ŋ sing 鼻音			窓開け	有声	

I guess he got a black coffee instead of the creamy, sugary hot chocolate he craved.

g　g　k k　k　g　k　k

（本当は彼はクリームたっぷりの甘いホットチョコレートを飲みたかったのに、ブラックコーヒーを頼んだんだと思うわ）

King sang a song about gangsters in Hong Kong and the slang that they used.

ŋ　ŋ　ŋ　ŋ　ŋ　ŋ　ŋ

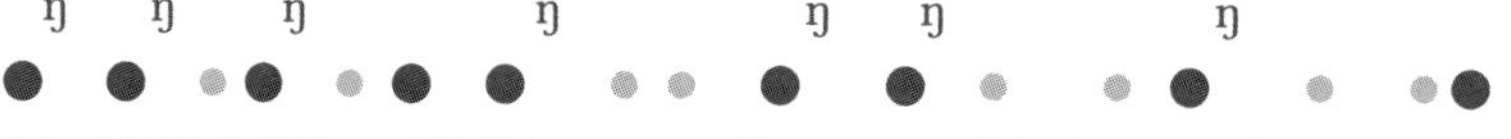

（キングは香港のギャングと彼らのスラングについての歌を歌いました）

リーダーは舌最後部です。動画を観ながら、基本位置から始めましょう。

笛：三角笛のままです。あごをぶら下げ、上唇・口角・頬を浮かせ、下唇をスライドします。日本語のクやグを言おうとするだけで、上唇が下がり下唇も固まり、舌も固まってしまいますので、注意しましょう。

◯あごはふんわりぶら下がり
◯上唇・口角・頬はぶよっ
◯下唇はツルッとスライド

←正
誤→

舌：縦長滑り台に変わります。「舌の目玉」に意識を集中し、下唇裏の体温をぬくぬく感じます。舌中心をペタンとつぶし、舌最後部を天窓にピタッとつけます。舌縁はぼんやり下歯裏につけ、舌で縦長の滑り台を作ります。
最後部が、口から出す息の流れをせき止めるので、破裂音の k と g では、滑り台の裏側に空気の圧力をキュッと感じます。
舌の中心が膨らみ硬口蓋（口の天井の硬い部分）につくと、音が濁ります。

◯目玉に意識集中
◯下唇裏ぬくぬく
◯中心はぺたん
◯最後部が天窓にピタッ
◯縁はぼんやり下歯裏

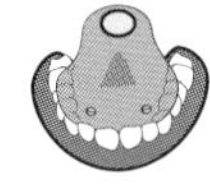

天窓：
k (car) / g (girl)：**閉じ**ます。
日本人にとって、特に息が鼻に漏れやすい音です。しっかり鼻つまみチェックをしましょう。

ŋ (sing)：**開け**ます。
舌後方が天窓にピタッとついているので、口から息は漏れません。代わりに天窓そのものがフワッと下がり、鼻から声が出ます。口から息が漏れていたら、スライドしながらあごを下げ、舌中央を低く落とし脱力させましょう。

声帯：

k (car)：**無声**音です。無声・破裂音ですから、この音を言っている間、耳には何も聞こえません。状態音は圧力つき沈黙です。

ɡ (girl) / ŋ (sing)：**有声**音です。ɡ (girl) の状態音は、圧力つき喉の振動音です。ʌ (up) の音を出しながら、舌だけを縦長滑り台に変えてみましょう。滑り台の裏側で、喉の振動音が聞こえます。ŋ (sing) は鼻から伸び伸びと歌う、鼻音です。

単語の中で、文字がngとつながる場合、主に次の①〜③の音が来る可能性があります。それを知っていると、より頻繁に辞書を引きたくなり、正しい発音知識が蓄積されます。（どんな場合にどの発音が来るかは、言葉の幹となる語幹部分がどこで終わっているかによって変わります。そのルールを感じる勘が育つまでは、辞書で発音記号を調べてしまうのが一番の早道です）

① ŋ (sing) **が来る場合**
（例：singer, gangster）

② ŋ (sing) ＋ ɡ (girl) **が来る場合**
（例：finger, hunger, longer, youngest）

③ n (now) ＋ ʤ (joke) （→ p.154） **が来る場合**
（例：change, changing, arrange, arranger）

比較練習

Track 32

k car			無声	g girl			有声
cut	kʌt	動	切る	gut	gʌt	名	消化管
curt	kəːt	形	ぶっきらぼうな	girt	gəːt	形	囲まれた
cook	kʊk	名	料理人	good	gʊd	形	良い
cot	kɑːt	名	簡易ベッド	got	gɑːt	動	get 過/過分
lock	lɑːk	名	錠	log	lɑːg	名	丸太
tuck	tʌk	動	端を押し込む	tug	tʌg	動	ぐいと引く
duck	dʌk	名	アヒル	dug	dʌg	動	dig 過/過分
Rick	rɪk	人名	リック	rig	rɪg	動	(船に) 装備する
cash	kæʃ	名	現金	gash	gæʃ	名	切り傷
pick	pɪk	動	選ぶ	pig	pɪg	名	豚

比較練習

Track 33

n now				ŋ sing			
ton	tʌn	名	トン	tongue	tʌŋ	名	舌
run	rʌn	動	走る	rung	rʌŋ	動	ring 過分
sun	sʌn	名	太陽	sung	sʌŋ	動	sing 過分
lawn	lɔːn	名	芝生	long	lɔːŋ	形	長い
gone	gɔːn	動	go 過分	gong	gɔːŋ	名	どら
thin	θɪn	形	薄い	thing	θɪŋ	名	もの
win	wɪn	動	勝つ	wing	wɪŋ	名	翼
ban	bæn	名	禁止	bang	bæŋ	動	ドンドン たたく
pan	pæn	名	平鍋	pang	pæŋ	名	激痛
fan	fæn	名	扇風機	fang	fæŋ	名	牙
				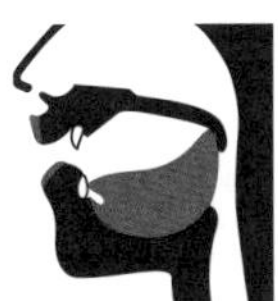			

比較練習

Track 34

ŋ+k		窓開→閉	有声→無声	ŋ		窓開	有声
sunk	sʌŋk	動	sink 過/過分	sung	sʌŋ	動	sing 過分
think	θɪŋk	動	思う	thing	θɪŋ	名	物
rink	rɪŋk	名	スケート場	ring	rɪŋ	名	指輪
pink	pɪŋk	名	ピンク	ping-pong	píŋpɔ̀ːŋ	名	ピンポン
stink	stɪŋk	動	悪臭を放つ	sting	stɪŋ	動	針で刺す
bank	bæŋk	名	銀行	bang	bæŋ	動	ドンドンたたく

比較練習

Track 35

ŋ+g				ŋ			
hunger	hʌ́ŋgɚ	名	飢え	hung	hʌŋ	動	hang 過/過分
longer	lɔ́ːŋgɚ	形	long 比較	long	lɔːŋ	形	長い
finger	fíŋgɚ	名	指	singer	síŋɚ	名	歌手
language	lǽŋgwɪʤ	名	言語	gangster	gǽŋstɚ	名	ギャング

Manhattan が言えなくて —— 音節つき子音の話

Video DAY 7

NYに暮らす日本人が通じなくて困る単語として、よく相談を受けるのが、「音節つき子音」を含む単語です。例えば、
Manhattan, curtain, kitten, cotton, button, certainなど。

まずはManhattanの発音記号を見てみましょう。mənhǽtn̩

語尾がtn̩で終わっており、最後の発音記号の下に縦線が入っています。これが「音節を持つ子音」の印です（辞書によっては違うマークがついていることもあります）。

通常、１つの母音が１つの音節を作るのですが、多音節語の中には、弱い母音を発音せずに消してしまうものもあります。
そんなとき、消えた母音の音節は次の子音の中に移動するため、その子音を「音節つき子音」として少し長く発音します。

難しいことはありません。リズム上はtənと言いながら、実際にはt (talk) の型からn (now) の型にそのままつなげ、n (now)の音を少し長めに伸ばすのです。**笛、舌、天窓、声帯の変化を確認してみましょう。**
まず、t (talk) とn (now) は同じ三角笛＋垂れ幕ですから、笛と舌の変化はありません。

	笛	舌	天窓	声帯	
t (talk)	三角笛 のまま	垂れ幕 のまま	閉じ	無声	
n̩ 音節つきn	あご/唇 不動	舌は全く動かず 密封したまま	開け	有声	

t (talk) は破裂音の一種。密封された舌の裏に、キュッと空気圧をためます（その間、耳には何も聞こえません）。

そしてt (talk) からn (now) に移行する瞬間、唇もあごも一切動かさず、舌もそのままで、突然鼻歌を歌ってみましょう。鼻歌を歌おうとするだけで天窓は自然に開きますから、たまった空気圧が鼻から逃げ、鼻奥の壁が揺れて小さく「グスッ」と言います。この音は破裂音の「終音」の一種で、スライドメソッドでは「鼻グス音」と呼んでいます。そのままn (now) の音を鼻から鳴らします。わかりにくいと思うので動画で一緒に練習しましょう。

t (talk) は圧力のかかる「沈黙」として、しっかり発音します。**肺からの息は口に向かって押し続けてください。**息を止めると圧力がたまらないので、正しい終音が鳴りません。動画と一緒に練習しましょう。

curtain	kə́ːtn̩
kitten	kítn̩
cotton	kɑ́ːtn̩
button	bʌ́tn̩
certain	sə́ːtn̩

習った音だけ復習③

動画と一緒に始めましょう。難しい箇所があれば、まずは笛の動きだけを練習するとよいでしょう。
△：三角笛 / ◎：ドーナツ笛 / ○：巾チャック笛 / ▽：笑い笛です。

三角笛	ドーナツ笛	巾チャック笛	笑い笛

cap	k æ p
tug	t ʌ g
it can't be	ɪ t k æ n t b iː
couldn't do it	k ʊ́ d n̩ t d uː ɪ t

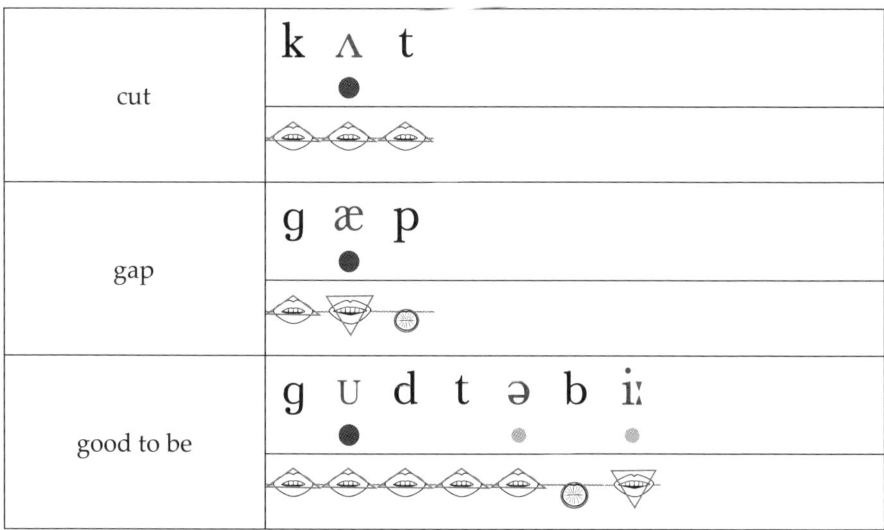

cut	k ʌ t
gap	g æ p
good to be	g ʊ d t ə b iː

テスト2　破裂音/鼻音

DAY 5～7では子音のうち、圧力のたまる破裂音と、鼻歌の鼻音を学びました。ここで**テスト②　破裂音/鼻音**を受けて、合格したら次に進んでください。大切なことがしっかり理解されているかの確認です。テスト動画はslidemethod.comにて無料で配信しています。

DAY ▸▸ 8 | 子音④

Video DAY 8

摩擦音

摩擦音は全部で9つあり、お菓子のウエハースのようにカサカサした音です。この音質は、「口から空気の出る通り道が確保されつつも、十分に狭い」ことで起こります。
穴が狭すぎると息が詰まり、破裂現象が起きることから、破裂音に似てしまいます。逆に通り道が広すぎると、カサカサ音質が消えてしまいます。

IPA	種類
f (fun)	摩擦音
v (voice)	
θ (thank)	
ð (the)	
s (sigh)	
z (zoo)	
ʃ (shut)	
ʒ (rouge)	
h (horse)	

摩擦音が最後に来る場合の終わらせ方：
◯**破裂音**（例：map, cut, had）で終わる場合、口を密封していた部分を、基本位置の方向にパッと開放し、同時に息を止めて終えます。(→ p.87)
◯**摩擦音**（例：half, with, bus）等、**破裂音以外**が最後に来る場合は、唇、あご、天窓、舌など、「型」を作っていたものは一切動かさずに、肺から口に送り続けていた息を止めます。
ただし、聞き手のコミュニケーションレベルや周囲の騒音などに応じて、わざと語尾を引き立たせることもあります。

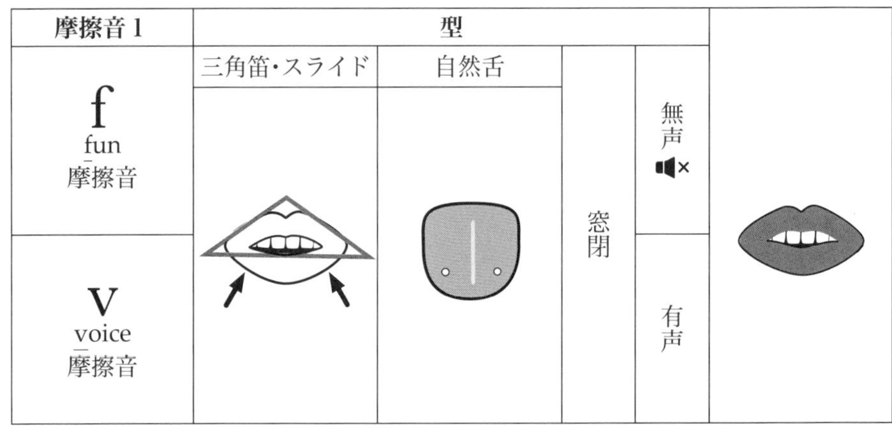

摩擦音1	型				
	三角笛・スライド	自然舌	窓閉		
f fun 摩擦音				無声	
v voice 摩擦音				有声	

The famous fashion photographer loved vacationing in Las Vegas.

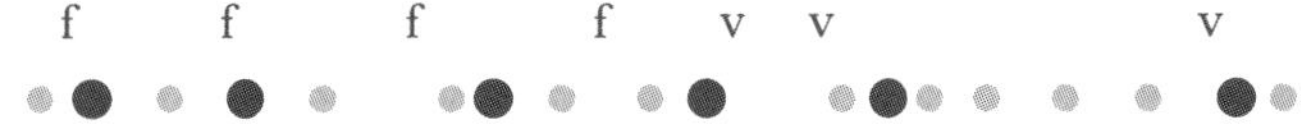

（有名なファッション写真家はラスベガスでのバケーションを好んだ）

リーダーは下唇の内側です。動画を観ながら、基本位置から始めましょう。

笛：三角笛・スライドに変わります。あごをぶら下げ、上唇・口角・頬を浮かせ、下唇をスライドし（ここまでが基本位置）、そしてスライドをさらに強めながら、下唇内側を上歯②にピタッと軽くつけます。日本語のフやブという音は、上唇と下唇の近さによって摩擦を生みます。上唇が緊張していたら日本語連動筋が動いている証拠ですので、気をつけましょう。

〇あごはふんわりぶら下がり
〇上唇・口角・頬はぶよっ
〇下唇は強めにスライド
〇下唇内側は上歯②にピタッ

舌：自然舌のままです。下唇は上に伸びていても、あごはぶら下がり口の中は広々としているので、舌は八方に広がり脱力します。

〇プルプルのババロア
〇目玉に意識集中
〇下唇裏ぬくぬく
〇上歯・口蓋に触らず
〇縁はぼんやり下歯裏

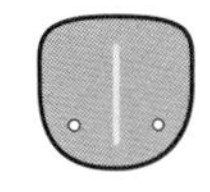

天窓：閉じます。

声帯：
f (fun)：**無声**音です。下唇と上歯の隙間からカサカサした摩擦音が聞こえます。
v (voice)：**有声**音です。声帯が鳴ります。

コツ：f (fun) / v (voice) から次の音につながる瞬間に、下唇をさらにスライドしながら、あごを落とします。下唇を単独で下げようとしてはいけません。

比較練習

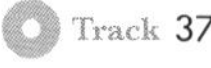
Track 37

f fun			無声	v voice			有声
surf	sɚːf	動	サーフィンする	serve	sɚːv	動	仕える
effort	éfɚt	名	努力	ever	évɚ	副	かつて
feel	fiːl	動	感じる	veal	viːl	名	子牛の肉
leaf	liːf	名	葉	leave	liːv	動	去る
half	hæf	名	半分	have	hæv	動	所有する
fan	fæn	名	扇風機	van	væn	名	バン
fat	fæt	形	太った	vat	væt	名	大おけ
fast	fæst	形	速い	vast	væst	形	広大な

比較練習

Track 38

p palm				f fun			
pun	pʌn	名	駄洒落	fun	fʌn	名	楽しみ
perm	pɚːm	名	パーマ	firm	fɚːm	形	硬い
put	pʊt	動	置く	foot	fʊt	名	足(足首から下)
pond	pɑːnd	名	池	fond	fɑːnd	形	…を好んで
pest	pest	名	害虫	− fest	fest	名	(連結形)…祭り
Pete	piːt	人名	ピート	feet	fiːt	名	foot 複
pill	pɪl	名	丸薬	fill	fɪl	動	満たす
sip	sɪp	名	一口	sifter	sɪ́ftɚ	名	ふるい
lap	læp	名	膝	laugh	læf	名	笑い
passed	pæst	動	pass 過/過分	fast	fæst	形	速い

比較練習

Track 39

b beach				v voice			
dub	dʌb	動	追加録音をする	dove	dʌv	名	ハト
curb	kɚːb	動	抑制する	curve	kɚːv	名	曲線
bird	bɚːd	名	鳥	verb	vɚːb	名	動詞
bet	bet	動	賭ける	vet	vet	名	獣医
bend	bend	動	曲げる	vend	vend	動	売る
B	biː	名	B	V	viː	名	V
bill	bɪl	名	請求書	villa	vɪ́lə	名	田舎の大邸宅
ban	bæn	名	禁止	van	væn	名	バン

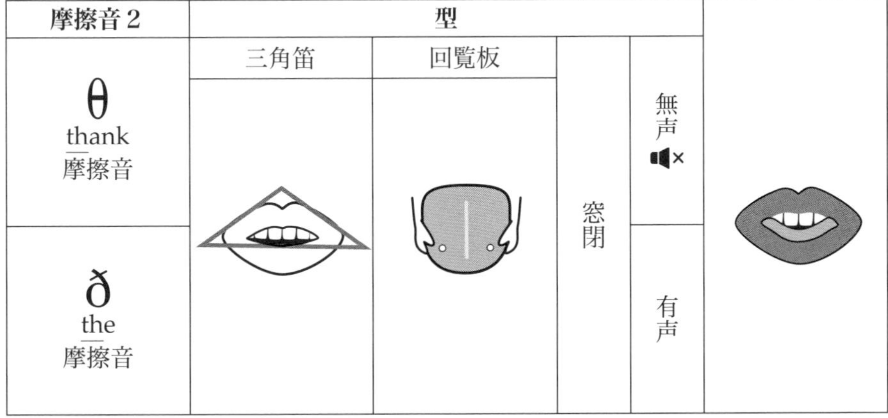

摩擦音 2	型				
	三角笛	回覧板	窓閉		
θ thank 摩擦音			窓閉	無声	
ð the 摩擦音				有声	

My father thought up the breathing method that I've used all these years.

（私がずっと使っている呼吸法は父親が考えたものです）

リーダーは★２点（右図）です。動画を観ながら、基本位置から始めましょう。

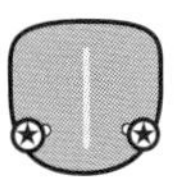

笛：三角笛のままです。あごをぶら下げ、上唇・口角・頬を浮かせ、下唇をスライドします。

〇あごはふんわりぶら下がり
〇上唇・口角・頬はぶよっ
〇下唇はツルッとスライド

←正
誤→

舌：回覧板に変わります。

回覧板の準備練習：

1）基本位置から、舌横後部をそっと上奥歯につけます。単母音9の e (egg) と同じ舌です。

2）1）で上奥歯につけた舌横部分より1センチほど前の部分も、上歯に（下から上に）軽くつけると、舌横が、上歯③にぶつかります。つまり、舌横が広範囲で、上の歯にピタッとつきます（右図参照）。すると受動的に脱力した舌先が、前歯よりも前にはみ出し水平に浮きます。これが回覧板の感覚です。舌先は結果的に前に出ますが、日本人が舌先を動かそうとすると舌奥が固まってしまい、失敗しがちです。

今度は、自然舌から一度に作りましょう。舌全体を回覧板（A4サイズ）とイメージします。
回覧板のような1つのかたまりを、両手でつかむと考えましょう。水平に、そして無頓着に★2点（左下図）を上歯③に下から斜め前上に向かって、差し出すようにカリッとぶつけます。前ページの準備練習で作った舌同様、舌横は広範囲で上奥歯につき、舌先は尖らずに水平にはみ出ます。★以外をゆるめると簡単にできます。

◯舌全体が回覧板
◯★を上歯③にカリッ
◯先は尖らず水平にはみ出る

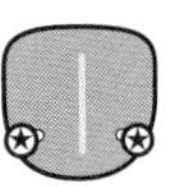

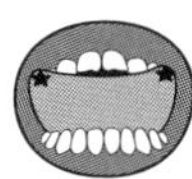

天窓：閉じます。鼻に息が漏れていないか確認しましょう。

声帯：

θ (thank)：**無声**音です。舌先の真ん中と上の前歯の間に空いた狭い穴からカサカサと出る摩擦音です。

ð (the)：**有声**音です。声帯が鳴ります。

the の発音のルール：the は、次に続く単語が母音で始まるときには ði:、子音で始まる場合は ðə と覚えましょう。ただし、文字ではなく発音記号で考えます。

例：the woman ðə wʊ́mən　the one ðə wʌn
　　the onion ði: ʌ́njən　the use ðə ju:s

aeiou の文字でなく、下線部分が母音か子音かで判断します。

比較練習　Track 41

θ thank			無声	ð the			有声
thud	θʌd	名	ドシン	the	ðʌ ðə	冠	その
thief	θi:f	名	泥棒	these	ði:z	代名	これら
thin	θɪn	形	薄い	this	ðɪs	代名	これ
thank	θæŋk	動	感謝する	that	ðæt	代名	それ

比較練習　Track 42

t talk				θ thank			
turn	tə:n	動	回転させる	third	θə:d	形	第３の
taught	tɔ:t	動	teach 過/過分	thought	θɔ:t	動	think 過/過分
TV	tí:ví:	名	テレビ	thief	θi:f	名	泥棒
bet	bet	動	賭ける	Beth	beθ	人名	ベス
tin	tɪn	名	ブリキ	thin	θɪn	形	薄い
tick	tɪk	名	カチカチ（音）	thick	θɪk	形	厚い
tank	tæŋk	名	タンク	thank	θæŋk	動	感謝する
bat	bæt	名	コウモリ	bath	bæθ	名	風呂

比較練習

Track 43

d dance				ð the			
done	dʌn	動	do 過分	thus	ðʌs	副	このように
dirt	dɚːt	名	不潔なもの	other	ʌ́ðɚ	形	他の
den	den	名	(野獣の)穴	then	ðen	副	そのとき
D	diː	名	D	these	ðiːz	代名	これら
did	dɪd	動	do 過	this	ðɪs	代名	これ
dad	dæd	名	パパ	that	ðæt	代名	それ

発音コラム

英語のリズムとジェスチャー

以前、ニューヨークの小中学校（現地校）の校長や英語教師が集まる会で、パフォーマンス兼ワークショップをし、「アメリカ英語のリズムと呼吸を教えるにはまずジェスチャーから」というテーマでお話をする機会がありました。ジェスチャーを使う習慣があまりない日本人の方なら関心があるかと思うので、ここでご紹介させていただきます。ジェスチャーの大きさは、感情に比例するものと思われがちですが、そうとは限りません。私自身、ボディーランゲージをほとんど使わない日本で生まれ育ったので、アメリカで舞台に立つ際にジェスチャーがうまく使えずに、コンプレックスを感じていました。

ジェスチャーに慣れるために、母語である日本語にアメリカのジェスチャーをかぶせてみたこともありますが、ますますジェスチャーは硬直し、不思議なことに気分まで悪くなりました。

そこで考えたのが、ジェスチャーと呼吸の関係でした。日本語を話すときの呼吸は、英語が必要とする呼吸とは、かけ離れた感覚なのです。間接的でデリケートな呼吸を使う日本語を話しながらアメリカのジェスチャーをすると、どんなに声量や感情を大きくしても、偽物のようにしか見えません。

試行錯誤した末、最も効果のあったのは「セリフを歌にしてジェスチャーを重ねる」という練習でした。歌にしたことで誇張された英語のリズム。それを歌声にするために必要な、さらに深い呼吸を自分に強いることで、生まれてはじめてジェスチャーを必要とする感覚を感じ始めました。その後不思議なことに、英語を話すときだけ自然に手が動くようになり、ジェスチャーを英語から切り離すことに、違和感すら感じるようになったのです。

私はこの経験から、「ジェスチャーと、呼吸と、言葉のリズム」の３つがバランスを取り合い、切り離せないものであるということを学びました。

アメリカ人や、特にイタリア人に象徴的な、ダイナミックなジェスチャー。イタリア語がオペラになった背景に、イタリア人のジェスチャーが必要とした呼吸の質が影響しているのは明らかです。呼吸は言語の音質にも入り込み、特有のリズムを作り出すのです。

このワークショップでは、「皆さんの学校で、外国から来たばかりの子どもたちが、英語の授業中に恥ずかしそうにしていたら、言葉を歌に変えてジェスチャーを重ね遊ばせることで、無理なく英語の呼吸を体験させるのが、一番効果的だと思います」とお伝えしました。

参加者や主催者からは「アジア系の生徒に、おとなしく感情を外に表せない子が多い。ジェスチャーを使わないのは、アジアの縦社会が作るものかと思っていたが、母語に使われる呼吸法とジェスチャーに関係があるという着眼点が大変興味深い」などの感想をいただきました。

英語発音のリズムを早く体得したい方は、英語の歌にジェスチャーを重ねてみる遊びを、ぜひお勧めします。

習った音だけ復習④

動画と一緒に始めましょう。難しい箇所があれば、発音記号の下に笛の形を書き込み、まずは笛の動きだけを練習するとよいでしょう。
△：三角笛 / ◎：ドーナツ笛 / ○：巾チャック笛 / ▽：笑い笛です。

三角笛	ドーナツ笛	巾チャック笛	笑い笛

that fact
ð æ t f æ k t

tough thing
t ʌ f θ ɪ ŋ

give me that
g ɪ v m iː ð æ t

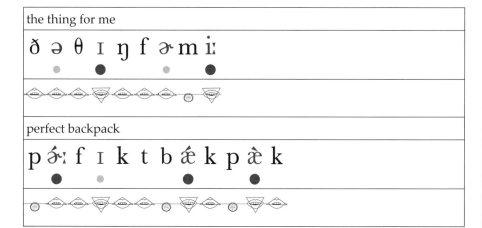

the thing for me
ð ə θ ɪ ŋ f ɚ m iː
perfect backpack
p ɚ́ː f ɪ k t b ǽ k p æ̀ k

1 基本位置
2 単母音
3 子音
4 二重母音
5 リンキング
6 実践編

DAY ▸▸ 9 | 子音⑤

Video DAY 9　Track 44

<table>
<tr><th>摩擦音 3</th><th colspan="5">準備型</th></tr>
<tr><td rowspan="5">S
sigh
摩擦音

Z
zoo
摩擦音</td><td>三角笛</td><td>垂れ幕 作り始め</td><td colspan="3"></td></tr>
<tr><td></td><td>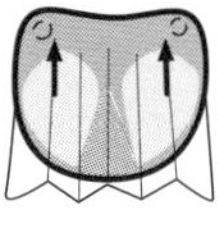</td><td colspan="3"></td></tr>
<tr><td colspan="5">型</td></tr>
<tr><td>ハート笛</td><td>小穴</td><td rowspan="2">窓閉</td><td>無声</td><td rowspan="2">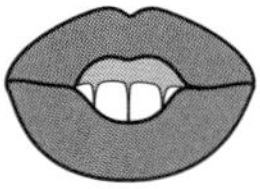</td></tr>
<tr><td>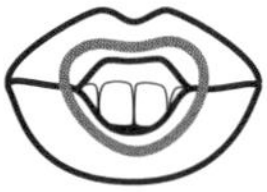</td><td>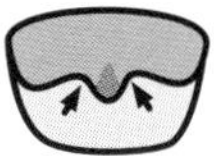
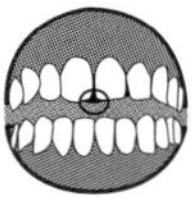</td><td>有声</td></tr>
</table>

A master of psychology and zoology pronounced zebras' names distinctly.

s　s　z　s　z　z　z　s

（心理学・動物学の権威者はシマウマの名前を明確に発音しました）

リーダーは舌横です。最も精密さを要される音です。読んだだけだとわかりにくいので、必ず最初に動画を観てください。基本位置から始めましょう。

笛と舌：準備型：三角笛＋垂れ幕（を作り始め）

➡型：ハート笛＋小穴

準備型：三角笛＋垂れ幕

あごをぶら下げ、上唇・口角・頬を浮かせ、下唇をスライドし、舌斜め前の★2点を上歯③につけ、p.91で習った「垂れ幕」を作り始めます。「垂れ幕」の舌で息の通り道を密閉する直前に、次の動きに移行します。

型：ハート笛＋小穴

垂れ幕の完成（舌の密閉）を待たずに、下唇をさらにスライドし、下唇で上歯の一部を覆います。上唇・口角・頬はさらにぶよっと浮かせ、舌横で上歯を下から上にキュッと押すことで、舌中心に浅い溝を作ります。そして結果的に、舌先に小さな穴ができます。

同時に、あごを少し前に出しながら、ブニュッと斜め上に上げ、下歯を上歯にかするまで近づけます。舌横（M）は、上下の歯の間に軽く挟まったままです。

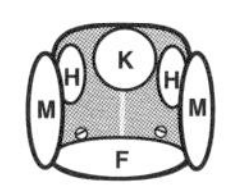

上歯茎を見せるように上唇を浮かし、唇内側にハート型を作ります。上にゆるんだ上唇は自然に横に開きます。鼻の横の筋肉で上唇や口角を上げないように注意しましょう。ガス漏れ音のような、鋭く繊細な摩擦音です。

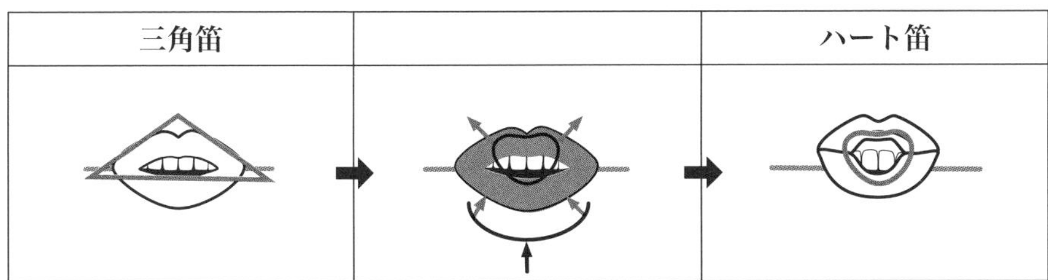

ハート笛

◯上唇・口角・頬はぶよっ
◯下唇は強くスライド
◯あごはブニュッと斜め上
◯唇内側にハート型

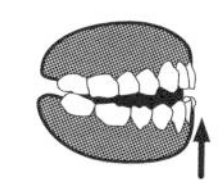

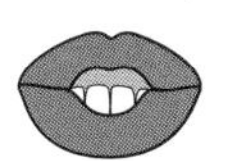

←正
誤→

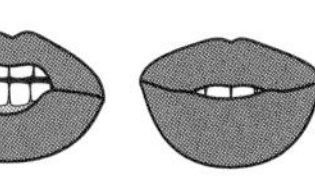

小穴

◯舌横を上歯にキュッ
◯舌先の高さを調整し
◯浅溝と小穴を作る

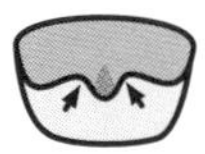

天窓：閉じます。鼻つまみチェックをしましょう。

声帯：

S (sigh)：**無声**音です。声帯が鳴りません。

Z (zoo)：**有声**音です。声帯が鳴ります。

比較練習

Track 45

S sigh				θ thank			
some	sʌm	形	いくらかの	thumb	θʌm	名	親指
sir	sɚː	名	(男性に対し)あなた	third	θɚːd	形	第3の
saw	sɔː	動	see 過	thought	θɔːt	動	think 過/過分
seem	siːm	動	…に見える	theme	θiːm	名	テーマ
sin	sɪn	名	罪	thin	θɪn	形	薄い

比較練習

Track 46

Z zoo				ð the			
tease	tiːz	動	からかう	teethe	tiːð	動	歯が生える
is	ɪz	動	be 三単現	with	wɪð	前	…と共に
as	æz	副	…と同様に	gather	gǽðɚ	動	集める
Z	ziː	名	Z	these	ðiːz	代名	これら

比較練習

Track 47

S sigh			無声	Z zoo			有声
bus	bʌs	名	バス	buzz	bʌz	動	ざわめく
see	siː	動	見える	Z	ziː	名	Z
peace	piːs	名	平和	peas	piːz	名	pea 複
sip	sɪp	名	一口	zip	zɪp	名	元気

摩擦音4	型				
	ハート笛	中穴	窓閉		
ʃ shut 摩擦音				無声	
ʒ rouge 摩擦音				有声	

Shirley leisurely wore her casual, beige shoes, and shined them on the seashore.

ʃ ʒ ʒ ʒ ʃ ʃ ʃ

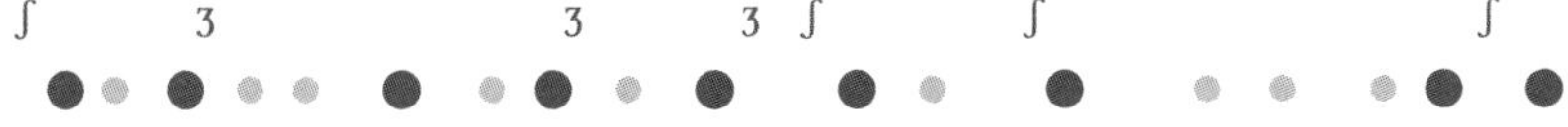

（シャーリーさんは薄茶色のカジュアル靴を気楽に履き、海辺でそれを磨きました）

リーダーは舌横（右図のMの部分）です。必ず最初に動画を観てください。基本位置から始めましょう。

笛：ハート笛に変わります。

舌：中穴に変わります。

あごをぶら下げ、上唇・口角・頬を浮かせ、下唇をスライドし（ここまでが基本位置）、下唇をさらにスライドし、下唇で上歯の一部を覆います。

上唇・口角・頬は浮かせたまま、舌横（右上図のM）で上歯④〜⑤を下からキュッと押しながら、舌先は上に浮かせたまま休めます。

同時にあごを少し前にずらしながら、ブニュッと斜め上に上げ、下歯を上歯にかするまで近づけます。舌横の一部は上下の歯の間に軽く挟まります。
スライドを強めることで、ゆるんだ口角と上唇をさらに浮かせ、上歯茎を見せるように唇内側にハート形を作ります。

中穴は、s (sigh) / z (zoo) の小穴よりも、息の流れがゆったりとしています。小穴から中穴に変える場合、舌横と上歯の接触部分を少し後ろの歯にずらします。すると溝の先にある穴が横に広がることで、中穴になります。隙間風のような、優しいカサカサした摩擦音がします。

ハート笛
◯上唇・口角・頬はぶよっ
◯下唇は強くスライド
◯あごはブニュッと斜め上
◯唇内側にハート型

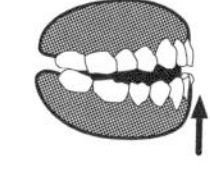

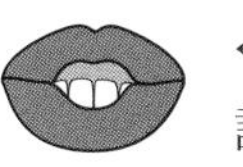

←正
誤→

中穴
◯舌横を上歯④〜⑤にキュッ
◯そこより前は上向きに休め
◯真ん中に中穴を作る

天窓：閉じます。鼻つまみチェックをしましょう。

声帯：

ʃ (shut)：**無声**音です。声帯が鳴りません。カサカサした摩擦音が舌先と歯茎の間の穴から、上唇にぶつからずにまっすぐ前に出てきます。

ʒ (rouge)：**有声**音です。声帯が鳴ります。

比較練習

Track 49

ʃ shut			無声	ʒ rouge			有声
ash	æʃ	名	灰	azure	ǽʒɚ	名	空色
tissue	tíʃuː	名	ちり紙	vision	víʒən	名	視力
quiche	kiːʃ	名	キッシュ	leisure	líːʒɚ	名	レジャー

比較練習

Track 50

s sigh				ʃ shut			
such	sʌtʃ	形	そんな	shut	ʃʌt	動	閉める
insert	ɪnsə́ːt	動	…に差し込む	shirt	ʃə́ːt	名	シャツ
soot	sʊt	名	すす	shook	ʃʊk	動	shake 過
socks	sɑːks	名	sock 複	shock	ʃɑːk	名	衝撃
sell	sel	動	売る	shell	ʃel	名	貝殻
sue	suː	動	訴える	shoes	ʃuːz	名	shoe 複
sea	siː	名	海	she	ʃiː	代名	彼女が
sin	sɪn	名	罪	shin	ʃɪn	名	向こうずね

比較練習

Track 51

z zoo				ʒ rouge			
says	sez	動	say 三単現	measure	méʒɚ	動	…を測る
use	juːz	動	使う	rouge	ruːʒ	名	口紅
bees	biːz	名	bee 複	leisure	líːʒɚ	名	レジャー
as	æz	副	…と同様に	azure	ǽʒɚ	名	空色

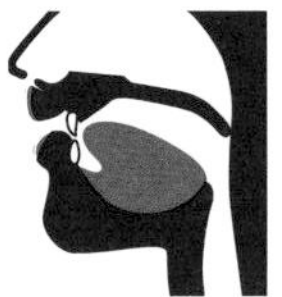

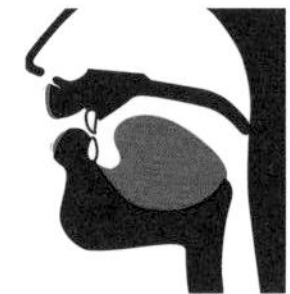

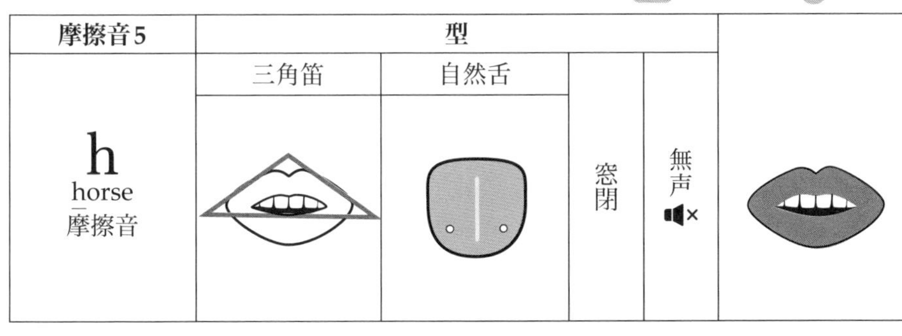

摩擦音5	型				
h horse 摩擦音	三角笛	自然舌	窓閉	無声	

How come he has been hiding behind the hysterical, Hawaiian hula dance?

h　　h h　　h　　h　　h　　h　　h

(なぜ、あの男は狂乱のハワイのフラダンスの影に隠れているのかい？)

リーダーは声帯です。動画を観ながら、基本位置から始めましょう。

笛：三角笛のままです。あごをぶら下げ、上唇・口角・頬を浮かせ、下唇をスライドします。上唇が下がると、日本語の「フ」や「ホ」のように両唇間で摩擦が起き、違う音が出るので注意しましょう。

◯あごはふんわりぶら下がり
◯上唇・口角・頬はぷよっ
◯下唇はツルッとスライド

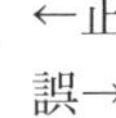

舌：自然舌のままです。

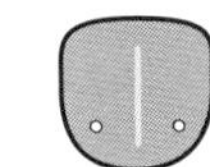

◯プルプルのババロア
◯目玉に意識集中
◯下唇裏ぬくぬく
◯上歯・口蓋に触らず
◯縁はぼんやり下歯裏

天窓：閉じます。

声帯：無声音です。内緒話のように声帯を絞り、カサカサした息を出します。

比較練習

f fun				h horse				頭に子音なし			
fuss	fʌs	名	無用な騒ぎ	husk	hʌsk	名	殻	us	ʌs	代名	私たちに
fur	fəː	名	毛皮	her	həː	代名	彼女を	earth	əːθ	名	地球
fed	fed	動	feed 過/過分	head	hed	名	頭	Ed	ed	人名	エド
fee	fiː	名	謝礼	he	hiː	代名	彼	E	iː	名	E
fit	fɪt	動	合う	hit	hɪt	動	打つ	it	ɪt	代名	それ
fat	fæt	名	脂肪	hat	hæt	名	帽子	at	æt	前	…に

辞書が３秒で教えてくれること

辞書の賢い使い方 －３つの準備と２つの習慣

ここで、辞書を上手に使うための、３つの準備と２つの習慣のお話をします。

準備１）辞書の準備

辞書（英和辞典や英英辞典）を用意し、アクセスしやすい場所に置きましょう。

英和辞典でしたら、ジーニアス英和辞典、リーダーズ英和辞典、オーレックス英和辞典、グランドセンチュリー英和辞典など。紙の辞書も良いですが、音声リンクのついた電子辞書やオンライン辞書も１つあると、発音をチェックしやすくなるので便利です。

英英辞典をお求めでしたら、アメリカ英語発音の正確さで最も信頼されているMERRIAM-WEBSTERがお勧めです。CAMBRIDGEやOXFORDなどイギリス英語を主体とする英英辞典で、アメリカ英語発音が併記されているものもあります。

日本の英和辞典の発音記号は、アメリカ発音、イギリス発音の順で書かれることが多いようですが、ご使用前にご確認ください。

辞書の置き場所を決める

携帯のアプリ辞書やオンライン辞書であれば、目につくところにアイコンやブックマークを置くとよいでしょう。電子辞典はバッグに忍ばせ、紙の辞書であればソファーの隣やベッド脇などに置いておければ理想的です。

準備２）発音記号変換表の準備

お使いの辞書と本書の発音記号の違いが気になる場合は、巻末（→p.238）の発音記号変換表をご参考ください。使っているうちに、頭の中で自動変換できるようになります。変換表にリストされていない辞書をお使いの場合は、以下の手順で変換表を作ることができます。

1）お使いの辞書で以下の表の代表単語を、up, above, bird, percent... と1つひとつ調べます。

2）代表単語の発音記号を見て、該当する音（下線部分）の記号を書き込みます。例えば、upを調べて、ʌpと書いてあれば、ʌのみをupの右隣の空欄に書き込みます。

3）表ができたらコピーして、目につく場所に貼っておきます。これで辞書とスライドメソッドの知識のすべてが、頭の中で一致します。

ʌ	up		eɪ	aid		p	palm		s	sigh	
ə	above		aɪ	ice		b	beach		z	zoo	
əː	bird		ɔɪ	toy		m	moon		ʃ	shut	
ɚ	percent		oʊ	home		t	talk		ʒ	rouge	
uː	hoop		aʊ	how		d	dance		h	horse	
ʊ	cook		ɪɚ	cheer		n	now		w	wave	
ɔː	hawk		eɚ	hair		k	car		r	red	
ɑː	hot		ʊɚ	sure		g	girl		j	year	
iː	eat		ɔɚ	more		ŋ	sing		l	look	
i	honey		ɑɚ	heart		f	fun		tʃ	chair	
ɪ	it					v	voice		dʒ	joke	
e	egg					θ	thank				
æ	act					ð	the				

準備3）辞書が3秒で教えてくれるポイント

アクセントマークの読み方

お使いの辞書で、多音節語のアクセントマークはどこにつきますか？　本書のように、強い母音の真上に斜め線で書かれる場合、

◯右上がりの斜め線が上につく母音は一番強く
◯右下がりの斜め線が上につく母音は二番目に強く
◯アクセントマークのない母音は弱く、発音されます。
(ただし上記のルールは、多音節語のみに適応されます。単音節語は文脈から強弱が決まるため、アクセントマークは本来必要ないものです。→p.22)

日本の英和辞典の多くがこの、斜め線のシステムのようです。

dictionary
dɪ́kʃənèɚi

強さを発音記号の文字の大きさで表してみると

と発音されます。

また、次のように、音節の直前にアクセントマークがつくものもあります。アメリカの英英辞典に多いものです。その場合、

◯上にある縦線の直後の音節は一番強く
◯下にある縦線の直後の音節は二番目に強く
◯直前にアクセントマークのない音節は弱く、発音されます。

▼
/'dik-shə-ˌner-ē/
▲

▼
/'dikSHəˌnerē/
▲

音節（●●）の数え方

音節数とアクセントマークを合わせれば、単語を発音するリズムがわかります。

辞書によって、発音記号が音節ごとに区切って表記されるものもあります。ˈdik-shə-ˌner-ē のように音節ごとに横線や点で区切ってあれば、音節数は一目瞭然ですね。区切られていない場合、母音の数と音節つき子音（→p.101）の数を合計すれば、音節数がわかります。

音節数を知りたいとき、綴りでａｅｉｏｕの数を数えてはいけません。代わりに母音の発音記号と音節つき子音を足して計算します。練習してみましょう。次の単語は何音節ですか？

geography

ʤi ɑ́ː grə fi

● ● ● ●

母音の記号が４つなので、４音節ですね。強い音節は２つ目です。

curtain はどうですか？

kɚ́ː tn̩

● ●

母音が１つ、音節つき子音が１つで、合計２音節です。この n̩ が、音節を持つ子音です。最後の子音の真下に縦線が入っているので、わかります。

辞書によってはこの「音節つき子音」を表す記号を省略しているものもあります。little, kitten, puddle などを調べたときに、最後に tl, tn, dl のように記号がつながり、ｌの真下や直前に特別な記号がついていない場合です。そのような辞書は代わりに綴りが音節ごとに区切られていることが多いので、そこで音節を数えます。

さてここで、「辞書で発音記号を調べたところ複数の発音記号が載っており、どの発音を選ぶべきかわからない」という場合の考え方と解決法をお話しします。

同じ単語に違う複数の発音オプション（どちらもアメリカ英語発音）が書かれていた場合

同じ辞書の中で、２つ以上の発音オプションが併記されている場合は、はじめに書かれているものだけを練習し、口で覚えてしまいましょう。

同じ単語の発音が辞書によって違う場合

辞書によって発音が違って「あれ？」と思うことはよくあります。そんなときは、辞書の発音記号システムの違いを再確認した上で、**意味や品詞を確認**しましょう。綴りが同じでも、意味や品詞が変われば発音が変わることがあります。例えば、certificateという単語を見てみましょう。下のように、名詞形と動詞形で発音が違います。強弱リズムも変わっていることを確認しましょう。

名詞形 (noun): sɚtɪ́fɪkət　　動詞形 (verb): sɚtɪ́fəkèɪt

意味や品詞が同じでも辞書によって発音が違う場合、自分が良いと信じる辞書に書かれたものを選びましょう。どの発音を標準語として選ぶかは、辞書のポリシーや書かれた時代によっても変わります。

言語もその発音も、時代と共に変わり続ける生き物です。最も大切なのは、気楽に楽しく発音記号を調べるということだと思います。それを習慣にできれば、通じる単語の数が飛躍的に伸びます。

さて、正しい英語発音で語彙を増やすために、ぜひお勧めしたい習慣を以下にご紹介します。

習慣1）単語帳

小さなノートの見開きページ左側に、会話で使ってみたい英単語を縦1列に書き留めます。単語と単語の間は、最低2行分開けます。1日1語で十分です。

週に一度辞書をまとめて引く曜日を決め、その週にたまった単語の発音記号を、右のページに書き込みます。そして発音記号変換表を使ってスライドメソッドの記号に書き換えます。

ひと月も続けるうちに、辞書の発音記号を見るのが楽しみになるでしょう。そしてノートや変換表を使わなくても、頭の中でサッと変換できるようになります。

習慣2）辞書で調べたら、30回発音

発音記号のシステムは覚えますが、単語ごとの発音を暗記する必要はありません。そんなことをしたら、英語発音は楽しくなくなってしまいます。

代わりに、調べたときに正しい発音で、30回発音してしまいましょう。それが口と耳で直接覚えるために必要な回数です。それだけで、今後同じ単語に出会ったときに、発音はこれに違いないという勘がジワジワと働くようになります。その音の記憶をもとに、口が正しく動きたくなるでしょう。

調べたことのない単語であっても、何度も聞いたことがあれば、その単語の発音をイメージするだけで正しい発音が再現できるようになるのです。

習った音だけ復習⑤

動画と一緒に始めましょう。いよいよ、フレーズが長くなってきます。

単音節語も、2音節以上の多音節語も、長いフレーズも、発音メカニズムは全く同じです。単純に各音の型から型へと、最短距離の動きのみでつなげます。難しく感じる箇所があれば、笛の動きだけまず練習しましょう。
△：三角笛 / ◎：ドーナツ笛 / ○：巾チャック笛 / ▽：笑い笛 / ♥：ハート笛です。

三角笛	ドーナツ笛	巾チャック笛	笑い笛	ハート笛

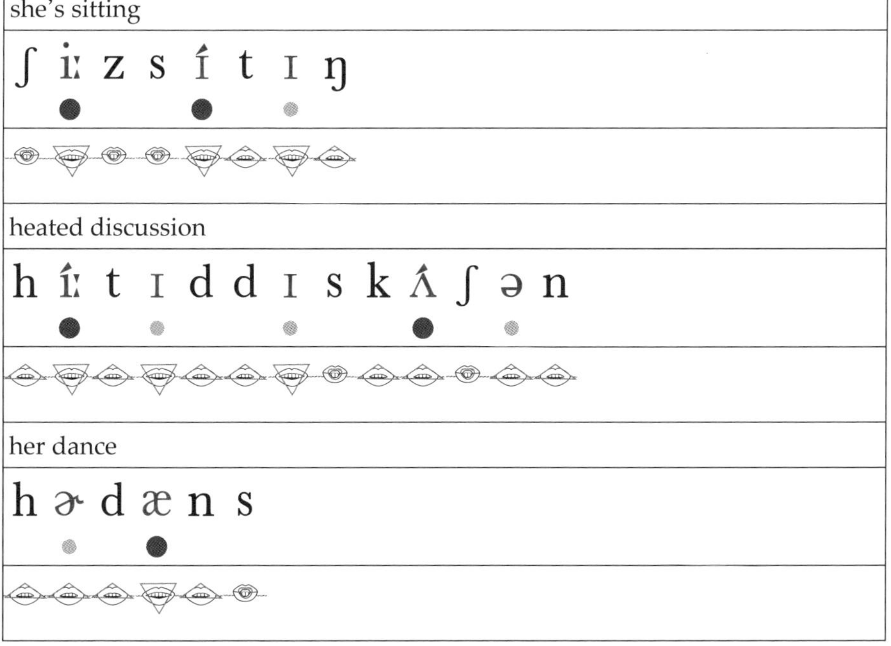

she's sitting
ʃ iː z s ɪ́ t ɪ ŋ
heated discussion
h íː t ɪ d d ɪ s k ʌ́ ʃ ə n
her dance
h ɚ d æ n s

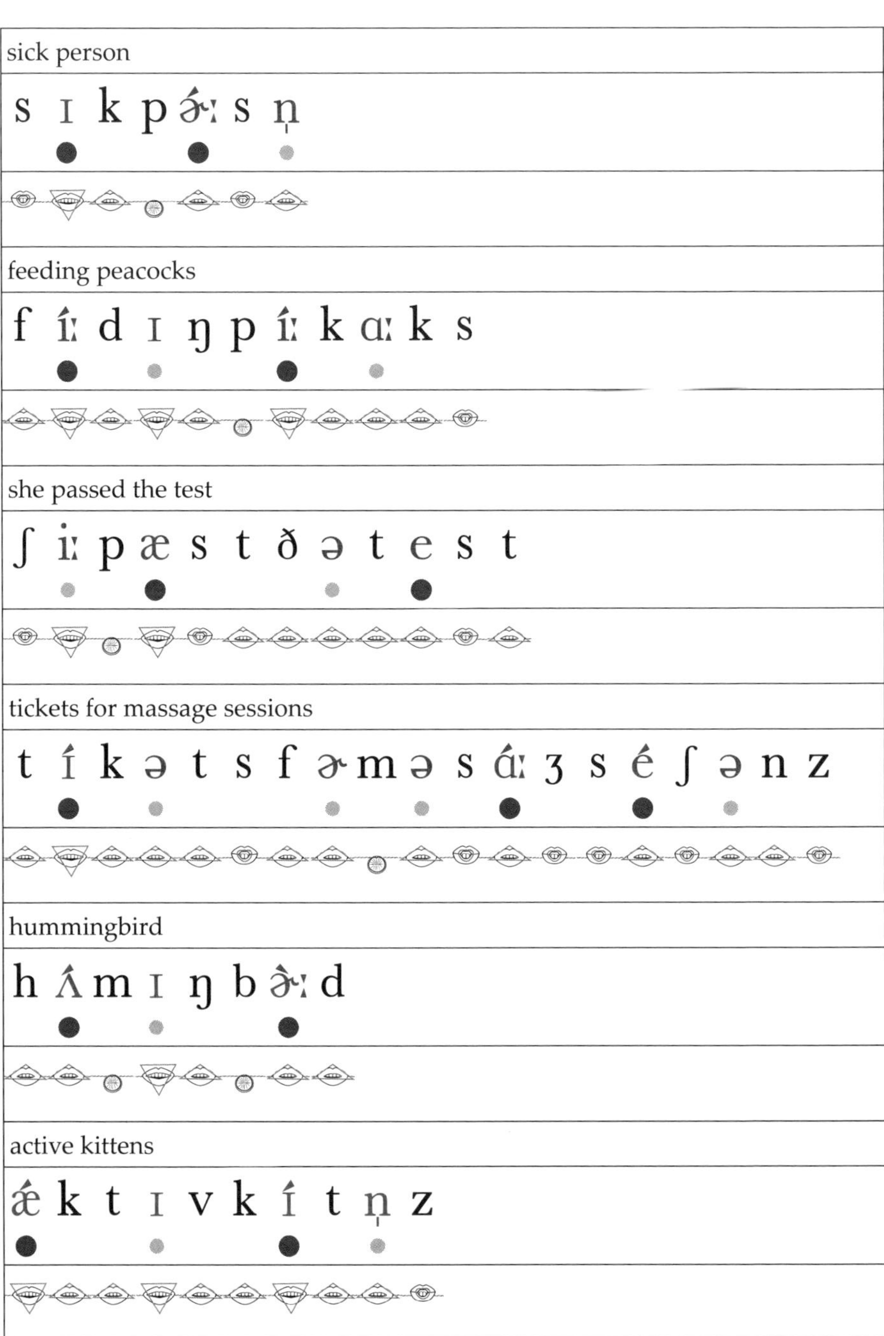

sick person
s ɪ k p ɚ́ː s n̩
feeding peacocks
f íː d ɪ ŋ p íː k ɑː k s
she passed the test
ʃ iː p æ s t ð ə t e s t
tickets for massage sessions
t í k ə t s f ɚ m ə s ɑ́ː ʒ s é ʃ ə n z
hummingbird
h ʌ́ m ɪ ŋ b ɚ́ː d
active kittens
ǽ k t ɪ v k í t n̩ z

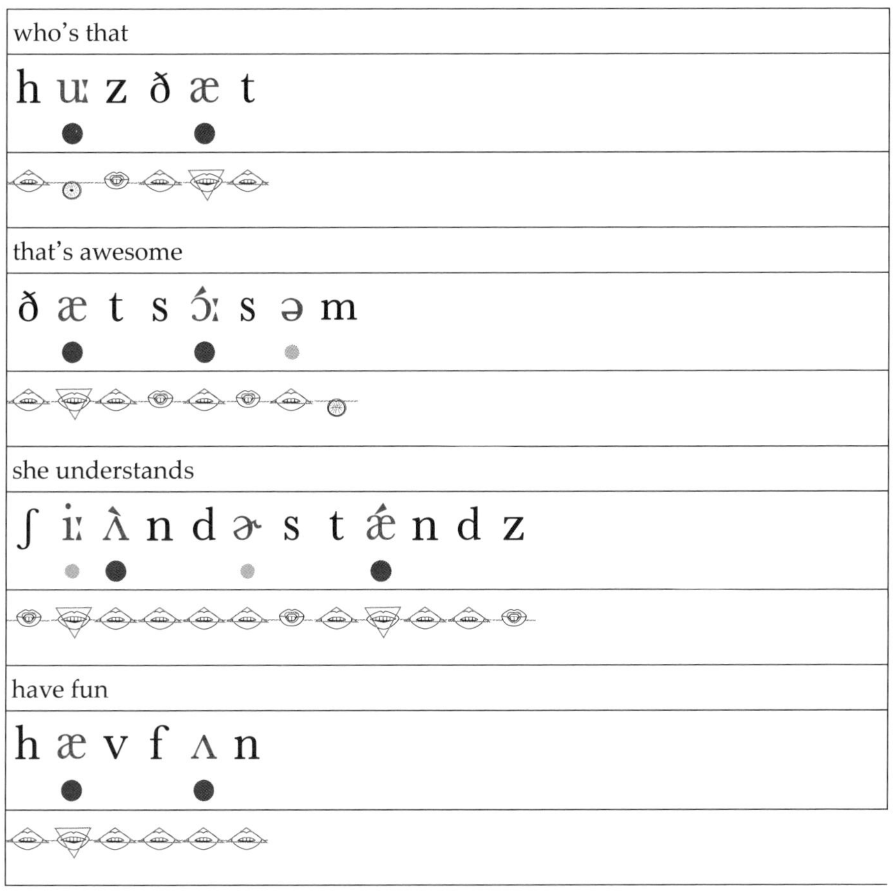

who's that
h uː z ð æ t
that's awesome
ð æ t s ɔ́ː s ə m
she understands
ʃ iː ʌ̀ n d ɚ s t ǽ n d z
have fun
h æ v f ʌ n

テスト3　摩擦音

DAY 8, 9では9つの摩擦音を学びました。摩擦音とは、ウエハースのようにカサカサした音でした。DAY 10からは滑音に入りますが、その前に**テスト③ 摩擦音**を受けて、合格したら次に進んでください。大切なことがしっかり理解されているかの確認です。テスト動画はslidemethod.comにて無料で配信しています。

DAY ▸▸ 10 | 子音⑥

Video DAY 10

滑音

これより、滑音に入ります。滑音というのは、息の出口が一瞬狭くなることで、弾力を持つ音です。水の出ているホースを指で押さえる感覚に似ています。ホース口が狭くなることで、水はより遠くに（母音に向かって）飛んでいきます。

日本人のよくある間違いは、この音の時間を短くしすぎること、そして滑音の間にしっかり息をお腹から吐かないことによって起こります。子音で音が小さく聞こえる間も、お腹からの息を止めないように気をつけましょう。詳しくは動画で説明しています。滑音は全部で３つあります。

IPA	種類
w (wave)	滑音
r (red)	
j (year)	

滑音1	型				
W wave 滑音	ドーナツ笛	自然舌	窓閉	有声	

The aquarium workers wondered why the white whale was quiet all winter.

（水族館員たちは白鯨が冬中ずっと静かだったことを疑問に思った）

リーダーは「巾着のゴム」（右図）です。動画を観ながら、基本位置から始めましょう。

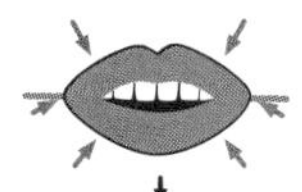

笛：ドーナツ笛に変わります。あごをぶら下げ、上唇・口角・頬を浮かせ、下唇をスライドし（ここまでが基本位置）、「巾着のゴム」（唇周り）をキュッと真ん中に集め、唇の真ん中にストローを挟むように、唇でドーナツの形を作ります。下唇が上唇の影に半分隠れるような感覚です。単母音 uː (hoop) と同じ口ですが、この音は子音なので音節を持ちません。

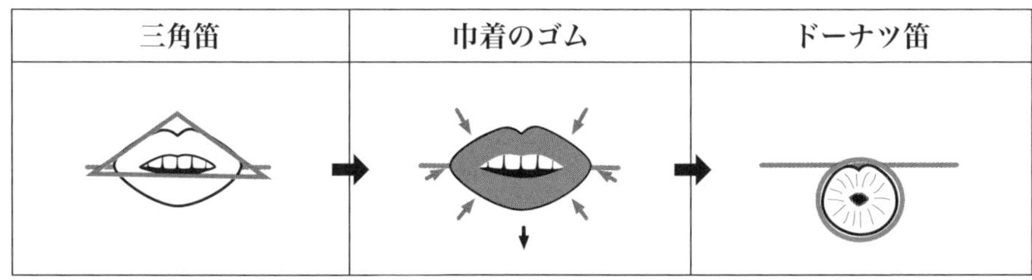

◯あごはふんわりぶら下がり
◯下唇はツルッとスライド
◯巾着のゴムをキュッ
◯ストロー挟み、下唇は隠れ気味

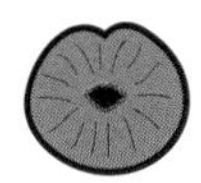

←正
誤→

舌：自然舌のままです。舌は斜めに傾いていますが、脱力しています。

◯プルプルのババロア
◯目玉に意識集中
◯下唇裏ぬくぬく
◯上歯・口蓋に触らず
◯縁はぼんやり下歯裏

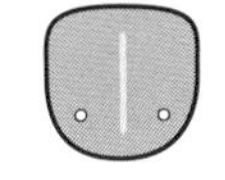

天窓：閉じます。

声帯：有声音です。

比較練習

Track 55

w wave	子音なので音節を持たない			**uː** hoop	母音なので音節を持つ		
twenty	twénti	名	20	two ends	tuː endz	名	両端
quick	kwɪk	形	急速な	cool	kuːl	形	冷たい
dwindle	dwíndl̩	動	だんだん 小さくなる	doing	dúːɪŋ	名	do 動名詞

子音は原則的に音節を持たないので、そこで止まらずに、次の音に飛んでいきます。母音は音節を持つので、その音の口で一瞬止まり、大きな息を吐いてから次の音に続きます。

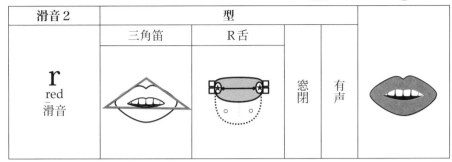

滑音2	型				
	三角笛	R舌	窓閉	有声	
r red 滑音					

Roosters roamed around the green room during the rehearsal that Ron directed.

r r r r r r r r

(ロンさんがリハーサルを指揮している間、雄鶏たちは劇場の控室のあたりをウロウロしていました)

こちらは**子音のRの音**です。つっぱり棒の弾力を使い、次の音に向かいます。
リーダーは★2点(右図)です。動画を観ながら、基本位置から始めましょう。

笛：三角笛のままです。あごをぶら下げ、上唇・口角・頬を浮かせ、下唇をスライドします。

◯あごはふんわりぶら下がり
◯上唇・口角・頬はぶよっ
◯下唇はツルッとスライド

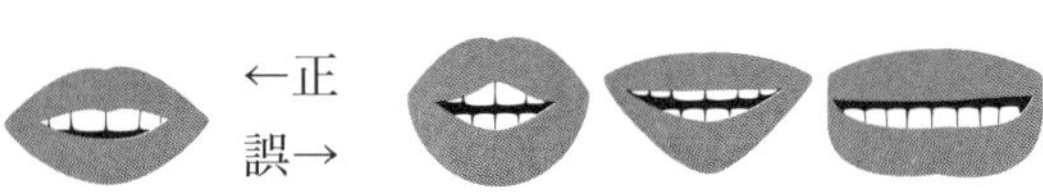

舌：R舌に変わります。三角笛のまま、R舌のつっぱり棒が生み出す舌横の弾力を使って、跳ね返るように、次の音に飛びます。

子音のR舌から次の母音への移行の仕方（動画を観てから始めましょう）
舌が固まりやすい日本人は、特にこの子音の**r** (red) から母音に移る瞬間（例：read, rock）に舌先が口の天井（口蓋）に触ってしまいがちです。以下のコツを使ってR舌を正しく終え、次の音に移りましょう。

まず、★2点と上奥歯のついている、つっぱり棒の端の位置を感じるために、キュッと押しつけてみましょう。そこから1本後ろの上奥歯の下端に向かって、つっぱり棒の端を、圧力を加えながらずらします。上に向かってグニョッと折れている羽毛布団（舌）を、もっと折るような感じです。同時にスライドします。するとつっぱっていた奥歯がそこで終わるので（奥歯の下端なので）、つっぱり棒は歯から外れ、これ以上つっぱれなくなります。

その瞬間に★は完全脱力し、次の音の型に飛んでいきます。例えば次の音が自然舌の音であれば、舌の目玉に意識を集中させながら舌のすべてを脱力すれば、（舌の生まれ持った性質から）自動的に自然舌に戻ります。動画と共に練習しましょう。

注：舌先、舌奥、唇などに力が入り、あごが上がってきたら、深めにスライドして緊張をかわします。

◯舌はふわふわ 羽毛布団
◯★は横にビヨーン
◯上奥歯につっぱり棒
◯先は受動的に上を向く

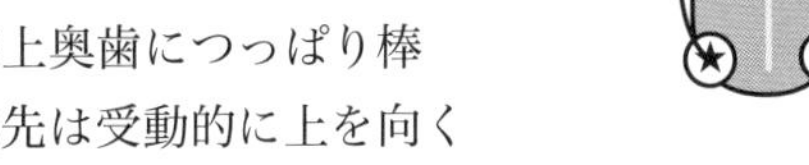

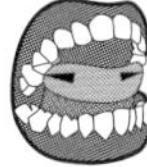

天窓：閉じます。

声帯：有声音です。

つっぱり棒が突っ張ってた壁（上奥歯）がそこでなくなって、「あららっ」て落ちるわけだね。まあ、動画観ましょ。

比較練習

Track 57

r red		子音なので 音節を持たない		ɚː/ɚ bird / percent		母音なので 音節を持つ	
rent	rent	名	家賃	earn	ɚːn	動	稼ぐ
truck	trʌk	名	トラック	turn	tɚːn	動	回転させる
problem	prάːbləm	名	問題	perm	pɚːm	名	パーマ
Brooklyn	brʊ́klɪn	地名	ブルックリン	Berlin	bɚlín	地名	ベルリン

比較練習

Track 58

w wave				v voice				r red			
went	went	動	go 過	vent	vent	名	穴	rent	rent	名	家賃
we	wiː	代名	私たちは	V	viː	名	V	read	riːd	動	読む
wick	wɪk	名	蝋燭の芯	Vick	vɪk	人名	ヴィック	Rick	rɪk	人名	リック

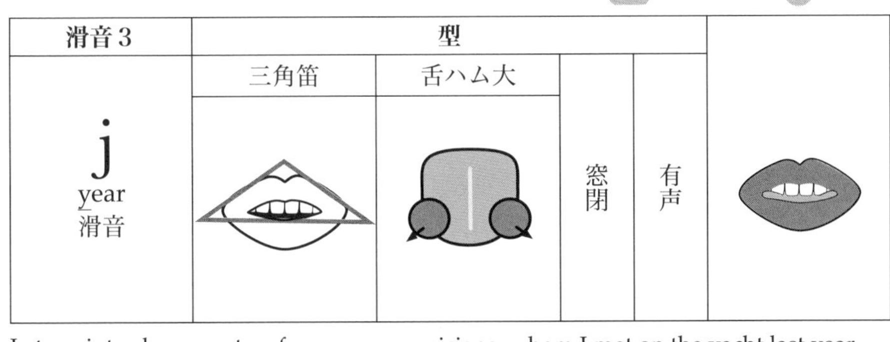

滑音3	型				
	三角笛	舌ハム大			
j year 滑音			窓閉	有声	

Let me introduce you to a few young musicians, whom I met on the yacht last year.

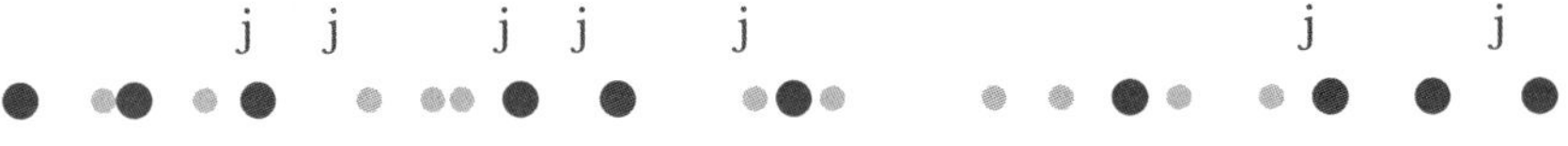

（去年ヨットの船上で出会った若い音楽家たちを紹介しましょう）

三角笛のまま、舌ハム大の動きで iː (eat) / i (honey) と同じ音色を作ります。
リーダーは舌横です。動画を観ながら、基本位置から始めましょう。

笛：三角笛のままです。あごをぶら下げ、上唇・口角・頬を浮かせ、下唇をスライドします。

◯あごはふんわりぶら下がり
◯上唇・口角・頬はぶよっ
◯下唇はツルッとスライド

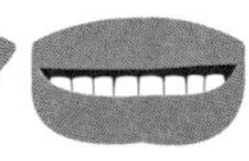

舌：舌ハム大に変わります。三角笛のまま、舌横が膨らむことで軽く弾力がかかり、その弾力を使って次の音に飛びます。

◯舌はぶくぶく泡風呂
◯横は上歯にべったり
◯目玉 ぷっくり　下歯・下唇裏にベター
◯上歯③にペタッ

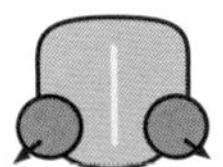

天窓：閉じます。
声帯：有声音です。

比較練習

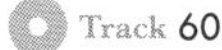

j year				頭に子音なし			
yes	jes	副	はい	S	es	名	S
use	juːz	動	使う	ooze	uːz	動	にじみ出る
yeast	jiːst	名	イースト菌	east	iːst	名	東
yin	jɪn	名	(中国哲学)陰	in	ɪn	前	…の中に

発音コラム What's ホワット？

Video DAY 10

whで始まる単語、色々ありますね。はじめの子音をどう発音するかご存じですか？what, why, when, where, which, while, whether, whiteなどのことです。

日本でホワット、ホエア、ホワイトなどと習ったために、ホワホワ ホエホエ発音している日本人が多いですね。これは、その昔使われていた、**W**の口で声帯を閉める無声音から影響を受けています。

この無声音は、アメリカから、そしてイギリスのほとんどの地域から、すでに消え去った音なのです。シェイクスピアの古典劇に出演するなどの場合を除いては、有声音の**W**で発音したほうが無難です。

what	why	when	where	which	while	whether	white
wɑːt	waɪ	wen	weɚ	wɪtʃ	waɪl	wéðɚ	waɪt

そういう私も、「白はホワイト！」と思い込んでアメリカに渡った日本人の１人です。当時70代のグリーン先生に「そんな古臭いしゃべり方はやめなさい！」と注意されたことを、懐かしく思い出します。

習った音だけ復習⑥

Video DAY 10　Extra #6

まずは動画を観ながら練習しましょう。口の動き、舌の動きが難しい箇所があれば、発音記号の下に笛の形を書き込み、笛の動きだけまず練習します。
△：三角笛 / ◎：ドーナツ笛 / ○：巾チャック笛 / ▽：笑い笛 / ♥：ハート笛です。

三角笛	ドーナツ笛	巾チャック笛	笑い笛	ハート笛

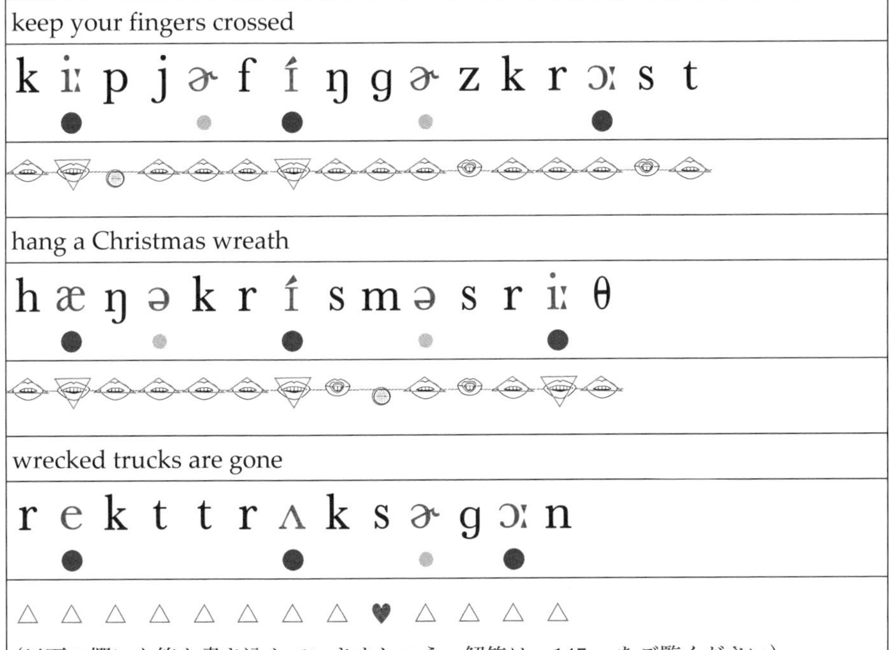
keep your fingers crossed

k iː p j ɚ f í ŋ g ɚ z k r ɔː s t

hang a Christmas wreath

h æ ŋ ə k r í s m ə s r iː θ

wrecked trucks are gone

r e k t t r ʌ k s ɚ g ɔː n

△ △ △ △ △ △ △ △ ♥ △ △ △ △

(以下の欄にも笛を書き込んでいきましょう。解答はp.145 〜をご覧ください)

whether or not
w é ð ɚ ɚ n ɑː t
if you walk
ɪ f j uː w ɔː k
pick a few words
p ɪ k ə f j uː w ɚː d z
secret treasure
s íː k r ə t t r é ʒ ɚ
precious memory
p r é ʃ ə s m é m r i
shrink a sweater
ʃ r ɪ ŋ k ə s w é t ɚ
product description
p r ɑ́ː d ə k t d ɪ s k r í p ʃ ə n

representative
r è p r ə z é n t ə t ɪ v
● ● ● ● ●

quick response
k w ɪ k r ɪ s p ɑ́ː n s
● ● ●

friends are friends forever
f r e n d z ɚ f r e n d z f ɚ é v ɚ
● ● ● ● ● ●

bread & butter
b r e d n̩ b ʌ́ t ɚ
● ● ● ●

解答

whether or not
wéðɚ ɚ nɑːt
● ● ● ●
◎△△△ △ △△△
if you walk
ɪf juː wɔːk
● ● ●
▽△ △◎ ◎△△

pick a few words
pɪk ə fjuː wɚːdz
● ● ● ●
○▽△ △ △△◎ ◎△△♥
secret treasure
síːkrət tréʒɚ
● ● ● ●
♥▽△△△△ △△△♥△

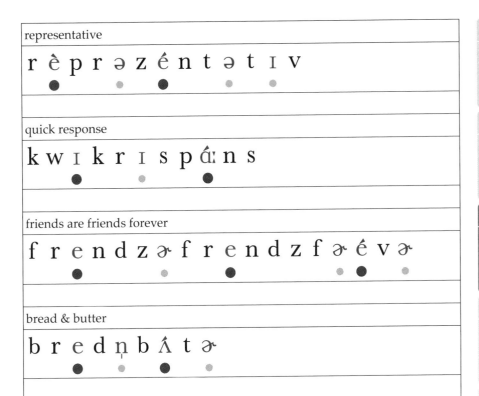

precious memory
préʃəs mémri ● • ● •
○△△♥△♥ ○△○△▽
shrink a sweater
ʃrɪŋk ə swétɚ ● • ●•
♥△▽△△ △ ♥◎△△△
product description
prɑ́ːdəkt dɪskrɪ́pʃən ● • • ● •
○△△△△△△ △▽♥△△▽○♥△△
representative
rèprəzéntətɪv ● • ● ••
△△○△△♥△△△△△△▽△

quick response
kwɪk rɪspɑ́ːns ● • ●
△◎▽△ △▽♥○△△♥
friends are friends forever
frendz ɚ frendz fɚévɚ ● • ● •● •
△△△△△♥ △ △△△△△♥ △△△△△
bread & butter
bred n̩ bʌ́tɚ ● • ●•
○△△△ △ ○△△△

英語を発音するときには、必ず母音の位置と音節の強弱を確認します。
例：keep your fingers crossed　kiːp jɚ fɪ́ŋgɚz krɔːst

この場合、発音記号の通り、音節は合計５つです。keep your の中に、３つの音節を感じてしまうと、日本語リズムになってしまいます。p (palm) の直後に来るのは子音の j (year) ですから、そこで時間を置いてはいけません。時間を置くと母音に聞こえ、音節が作るリズムが崩れます。舌ハム大の状態で止まらずに、そのまま母音の ɚ(percent) に移行すればよいのです。詳しくは動画をご覧ください。

DAY 11 子音⑦

Video DAY 11

側音 / 破擦音

これより、側音と破擦音に入ります。

側音のlは、舌がエッフェル塔のように細く立ち、息の流れが二手に分かれて、舌側面の２つ穴から出る音です。

破擦音のʧとʤは、破裂音のt (talk) / d (dance)（→ p.90）と摩擦音ʃ (shut) / ʒ (rouge)（→ p.120）がつながって１つの子音になったものです。

側音はlのみで、破擦音はʧとʤの２つです。

IPA	種類
l (look)	側音
ʧ (chair)	破擦音
ʤ (joke)	

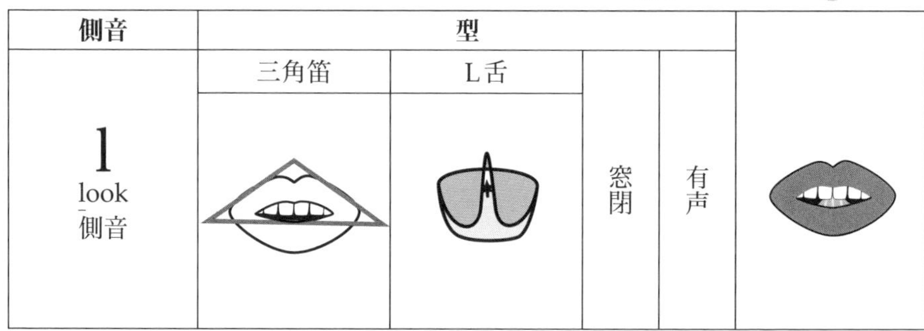

側音	型				
	三角笛	L舌			
1 look 側音			窓閉	有声	

Lulu, let's look at the list of cold noodles available for lunch time delivery.

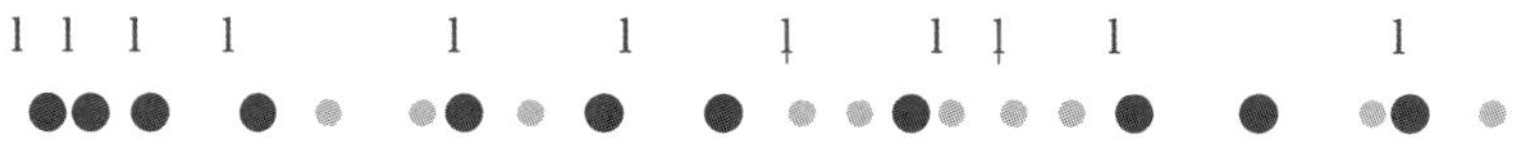

（ルル、ランチに配達してくれる冷麺のリストを一緒に見ましょう）

リーダーは舌裏先1ミリ角（右図）です。動画を観ながら、基本位置から始めましょう。

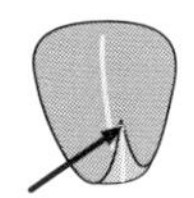

笛：三角笛のままです。あごをぶら下げ、上唇・口角・頬を浮かせ、下唇をスライドします。

◯あごはふんわりぶら下がり
◯上唇・口角・頬はぶよっ
◯下唇はツルッとスライド

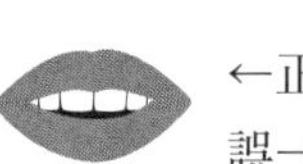

←正
誤→

舌：L舌に変わります。舌は1枚の布とイメージしましょう。舌裏先1ミリ角が釣り針にひっかかったイメージです。釣り針でスーッと引き上げられたかのように軽く、歯①の歯間裏にピタッと隣接させます。舌の横と後ろは、布のようにたらりと垂れ下がります。下唇をスライドし、下歯を隠しながら作りましょう。

◯舌は1枚の布
◯舌裏先1ミリ角が釣り針にひっかかり
◯上歯①の歯間裏にピタッ
◯舌裏は下唇裏に寄りかかり
◯横と後ろはたらり

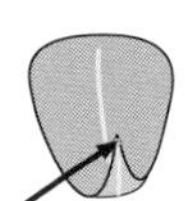

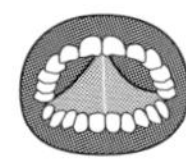

天窓：閉じます。鼻つまみチェックをしましょう。

声帯：有声音です。声は舌の側面からまっすぐ前に出ます。

比較練習

Track 62

r red				d dance				l look			
ruck	rʌk	名	並の人間たち	duck	dʌk	名	アヒル	luck	lʌk	名	運
raw	rɔː	形	生の	dawn	dɔːn	名	夜明け	law	lɔː	名	法律
rock	rɑːk	名	岩	dock	dɑːk	名	波止場	lock	lɑːk	名	錠
red	red	形	赤い	dead	ded	形	死んだ	lead	led	名	鉛
room	ruːm	名	部屋	doom	duːm	名	破滅	loom	luːm	名	織機
read	riːd	動	読む	deed	diːd	名	行為	lead	liːd	動	導く
rid	rɪd	動	取り除く	did	dɪd	動	do 過	lid	lɪd	名	ふた
wrap	ræp	動	包む	adapt	ədǽpt	動	適合させる	lap	læp	名	膝

「バニラがヘーゼルナッツに！」強弱リズムの話

Video DAY 11

「ニューヨークのスターバックスで『フレーバーは**バニラ**で』と言ったら、『**ヘーゼルナッツ**？』って聞き返されました。ショックです…」という相談を受けたことがあります。「どうやってバニラを発音しましたか？」と聞くと、彼女はほぼ日本語に近いリズムで「バニラ」と答えました。

海外で通じる英語を話したいというとき、音そのもの以上に重要なことがあります。それはアクセント（音の強さ）が作るリズムです。

アクセントは声の大きさに比例し、音の高低（ドレミ）とは違います。辞書を引くときに、どの音節にアクセントマークがかかっているかを確認し、その音節を強く発音しましょう。

vanilla	バニラ	hazelnut
vəníːlə		héɪzəlnʌ̀t

vanilla は３音節。リズムは【弱→**強**→弱】です。

日本語の**バニラ**はどうでしょうか。日本語は強弱差の乏しい言語。強さはほとんど変わらず、音程の階段を１歩ずつ下りるように、バ、ニ、ラ【高→中→低】と発音します。高い「バ」が目立つので、英語の vanilla とはずいぶん違う印象です。

一方 **hazelnut** はというと、こちらも３音節。リズムは【**強**→弱→**強**】です。はじめが一番強く、高くなります。あれ？　日本語のバニラのリズムの輪郭に、ちょっと似ていませんか？　少なくとも英語の vanilla よりはずっと近いです。

特にコーヒーショップやレストランなどのざわざわした場所では、バニラが

hazelnut に聞こえてしまうほどに、聞き手は強弱リズムに頼っています。つまり私たちもそこを意識して英単語を覚え、話すように心がければよいのです。

音節の数や強弱の作るリズムは、英会話の中で最も目立つ部分です。強弱パターンは大変少ないので、簡単にマスターできます。楽しみながら調べ、
“Would you like ● ⬤ ● or ⬤ ● ⬤?”のようにリズムを当てはめて会話に取り入れるようにしましょう。

破擦音 1		型				
tʃ chair 破擦音	t	三角笛	垂れ幕	窓閉	無声	
			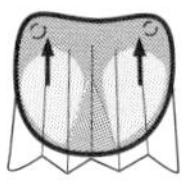			
		○あごはふんわりぶら下がり ○上唇・口角・頬はぷよっ ○下唇はツルッとスライド	○舌は1枚の布 ○★が上歯③〜④に ○先は前歯裏ピタッ ○後ろはたらり			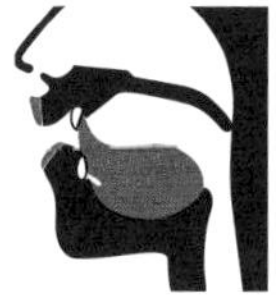
	↓	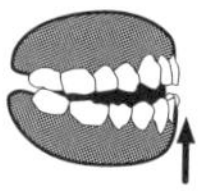				
	ʃ	ハート笛	中穴			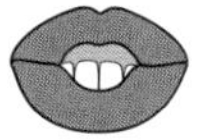
		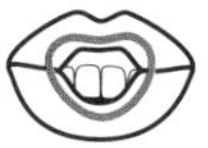	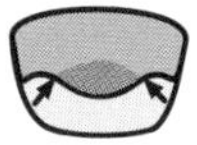 			
		○上唇・口角・頬はぷよっ ○下唇は強くスライド ○あごはブニュッと斜め上 ○唇内側にハート型	○横を上歯④〜⑤ ○前は上向きに休め ○真ん中に中穴			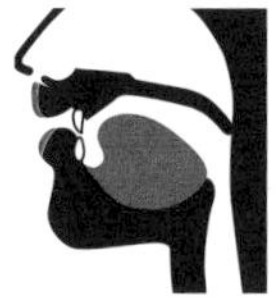

He chose a chatty chimp, and a mischievous cheetah, to chant in a ritual in China.

tʃ tʃ tʃ tʃ tʃ tʃ tʃ tʃ

（彼は中国での儀式の詠唱のために、おしゃべりなチンパンジーと不良のチーターを選びました）

t (talk) の型から ʃ (shut) の型に一瞬寄り道します。すると t (talk) の舌「垂れ幕」の裏にたまった空気圧が ʃ (shut) の「中穴」から逃げ、最後に金だわしでひっかくような、鋭い摩擦音がします。

比較練習

Track 64

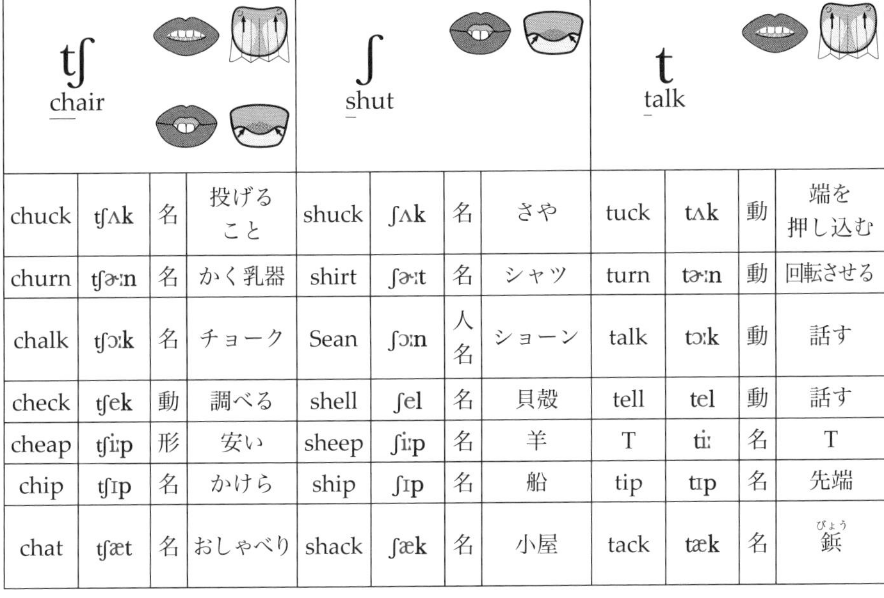

tʃ chair				ʃ shut				t talk			
chuck	tʃʌk	名	投げること	shuck	ʃʌk	名	さや	tuck	tʌk	動	端を押し込む
churn	tʃɚːn	名	かく乳器	shirt	ʃɚːt	名	シャツ	turn	tɚːn	動	回転させる
chalk	tʃɔːk	名	チョーク	Sean	ʃɔːn	人名	ショーン	talk	tɔːk	動	話す
check	tʃek	動	調べる	shell	ʃel	名	貝殻	tell	tel	動	話す
cheap	tʃiːp	形	安い	sheep	ʃiːp	名	羊	T	tiː	名	T
chip	tʃɪp	名	かけら	ship	ʃɪp	名	船	tip	tɪp	名	先端
chat	tʃæt	名	おしゃべり	shack	ʃæk	名	小屋	tack	tæk	名	鋲(びょう)

破擦音2		型				
dʒ joke 破擦音	d	三角笛	垂れ幕	窓閉	有声	
		○あごはふんわりぶら下がり ○上唇・口角・頬はぷよっ ○下唇はツルッとスライド	○舌は1枚の布 ○★が上歯③〜④に ○先は前歯裏ピタッ ○後ろはたらり			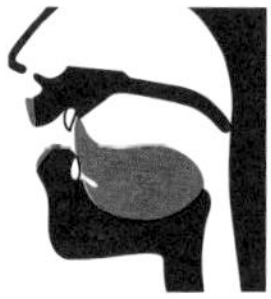
	↓	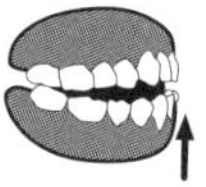				
	ʒ	ハート笛	中穴			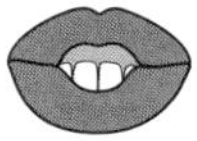
		○上唇・口角・頬はぷよっ ○下唇は強くスライド ○あごはブニュッと斜め上 ○唇内側にハート型	○横を上歯④〜⑤ ○前は上向きに休め ○真ん中に中穴			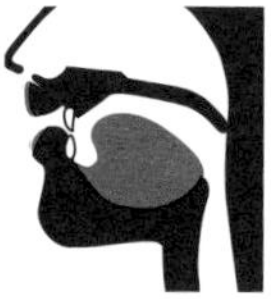

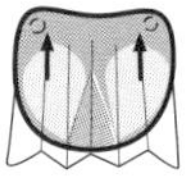

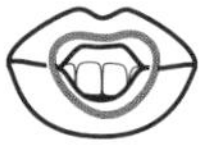

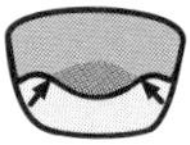

A huge jaguar damaged a magician's hat that Joe made for a magic pigeon.

dʒ dʒ dʒ dʒ dʒ dʒ dʒ

(巨大なジャガーはジョーが鳩のマジック用に作った帽子を壊してしまった)

d (dance) の型から ʒ (rouge) の型に一瞬寄り道します。すると d (dance) の舌「垂れ幕」の裏にたまった空気圧が ʒ (rouge) の舌「中穴」から逃げ、最後に金だわしでひっかくような、鋭い摩擦音がします。

比較練習 Track 66

tʃ chair 無声				dʒ joke 有声			
chump	tʃʌmp	名	短い丸太切れ	jump	dʒʌmp	動	跳ぶ
teacher	tíːtʃɚ	名	教師	germ	dʒɚːm	名	細菌
chalk	tʃɔːk	名	チョーク	jaw	dʒɔː	名	あご
cheap	tʃiːp	形	安い	jeep	dʒiːp	名	ジープ
chip	tʃɪp	名	かけら	gyp	dʒɪp	名	詐欺
chat	tʃæt	名	おしゃべり	Jack	dʒæk	人名	ジャック

発音コラム New York State of Mind　ニューヨーカーの孤独

ニューヨークで日本人向けの英語発音指導を始めて23年経ちますが、その間に色々な人に出会ってきました。大志を抱いてニューヨークに渡り、言語の壁にぶつかりながらも、そこでめげずに何かを学び、各分野で活躍する日本人が、この街にはたくさんいます。そんな人たちを頼もしく眺めながら、私自身が多くのことを学び、勇気づけられてきたように思います。

ニューヨークはどの国際都市とも違うと言われます。違う国や街から、異文化や他言語、そして個人的な物語を背負って、ある目的を達成するためにやってきた人たちが、失うものを恐れずに、変化を続ける街。ニューヨークのそんな流動的なところが、私にとって最も魅力的な部分です。

1996年の独立記念日のことを、今でも時々思い出します。右も左もわからなかった、渡米からわずか13日目のことです。イーストリバー近くの高層ビルの屋上で、あふれる人の波間から見上げた花火の最後の一発が消えたとたん、どこからともなく誰かが、ビリー・ジョエルの "New York State of Mind" を歌い出したのです。そしてそれが大合唱になり、気づけば私も、めちゃくちゃ英語でその合唱に加わっていました。

辞書がなければ買い物の1つもできなかった、不安で寂しい留学生の1人として参加した、はじめての独立記念日。あの夜の言葉にならない感動が、今も私の心のどこかに深く残っているからこそ、ニューヨークで日々葛藤し、1日も早くアメリカ社会に溶け込みたいと真に願う日本人の心を支える、この発音矯正という仕事に、ありがたい意義を感じます。

私の発音研究所の門を叩く日本人の半数近くが、心理的に追い詰められた人たちです。能力や情熱はあるのに、英語が通じないために力を発揮し切れず、「発音さえできればきっと…」という藁をもつかむ思いで、発音の専門家を探すのです。会社や家族の期待を背負いニューヨークまでやってきたのに、英語が通じなくて仕事にならない、授業についていけない、友達ができない、など。

英語は十分勉強してきたから、きっと何とかなると信じ、フラッと来てしまったニューヨーク。考えが甘かったという気持ちをどこかに秘めながら、このまま帰るに帰れない、今さら誰にも泣きつけない、そんな行き場所を失った日本人も、この街にはたくさん隠れています。

言葉の壁は、孤独感を作ります。その孤独感はきっと、外国でちゃんと生活できて当たり前、英語はできて当たり前という、大いなる誤解から来ているのでしょう。英語はできて当たり前ではありません。母語からかけ離れた言語の海に飛び込み必死で生きているのに、それを褒められたり、認められたりする機会が少なすぎると思います。

海外生活で孤独を感じたとき、苦しくなってしまったときには、努力を努力の段階でしっかり褒め合える友達を作り、感情を隠さなくてもいい、安心できる環境を、早めに整えることが最も大切だと思います。

発音コラム

虫眼鏡

虫眼鏡を英語で「magnifying glass」と言います。「ずいぶん長い英単語だなあ！」なんて感じませんか？　「虫眼鏡」と「magnifying glass」、どちらが長いでしょうか。

この質問は、ニューヨークのお教室にいらっしゃる生徒さんたちを待ち構えるテストの１つです。

私のレッスンを取り始めると、こういった質問にも慣れてくるので、
「magnifying glassのほうが長いに決まってるじゃん！」
とひっかかるようなことはなくなるのですが、皆さんはどうでしょうか。

この２単語、実は音節数は同じ。どちらも５音節です。

つまり本来であれば「虫眼鏡」と「magnifying glass」の長さは同じだなあ、と感じるべきなのです。

日本語の「虫眼鏡」が妙に短く聞こえるのは、日本人が口周りの「日本語連動筋」を連動させることで、顎を器用に小刻みに動かし、日本語をとても速くしゃべっているからです。

英語の音節は日本語より長く、そしてさらに海の波のようにふんわり膨らんだり縮んだりします。そのリズムは、私たちが感じがちな「英語の高速スピード」よりも本当はずっと、ゆっくりのんびりなのです。

このような事実に気づくと、英語が妙に遅く聞こえ始め、リスニングに対する不要な構えがなくなり、英語がより聞きやすくなります。

ではなぜ私たちは「magnifying glass」のほうが長いと感じてしまったのでしょうか。

答えはカタカナにあります。ローマ字教育で、英語をカタカナで読むようにトレー

ニングされてきたためです。

「マグニファイインググラス」

このカタカナは、なんと11音節。日本語はすべての音に音節が入ります。

一方、英語の「magnifying glass」は、たったの5音節です。

カタカナ英語を打破し、本物の英語発音にするためには、英単語にカタカナを振ることは一切やめて、代わりに音節数を数える癖をつけましょう。

そのプロセスを実行に移し始めたとたん、英語にカタカナを振ることそのものがナンセンスであること、カタカナのイメージが正しい発音を根本的に阻害していることに気づくでしょう。

なぜって、日本語には日本語の音節リズムがあり、そのリズムと英語発音リズムは相容れないものだからです。

マグニファイインググラス
●●● ●●●●●●●●

mǽgnəfàɪɪŋ glæs
● ● ●● ●

むしめがね
●●●●●

習った音だけ復習⑦

動画と一緒に始めましょう。難しい箇所があれば、発音記号の下に笛の形を書き込み、まずは笛の動きだけを練習するとよいでしょう。
△：三角笛 / ◎：ドーナツ笛 / ○：巾チャック笛 / ▽：笑い笛 / ♥：ハート笛です。

三角笛	ドーナツ笛	巾チャック笛	笑い笛	ハート笛

small world
s m ɔː l w ɚː l d
♥ ○ △ △ ◎ △ △ △
(以下の欄にも笛を書き込んでいきましょう。解答はp.161 ～をご覧ください)
leave me
l iː v m iː
let it be
l e t ɪ t b iː

literature
l ɪ́ t r ə tʃ ɚ
love you
l ʌ v j uː
he's lost
h iː z l ɔ́ː s t
gentleman
dʒ é n t l̩ m ə n
check-in meetings
tʃ é k ɪ n m íː t ɪ ŋ z

he recommended
hiː rè kəméndɪd
● ● ● ● ●

prejudice of class
préʤədɪsəvklæs
● ● ● ● ●

cheesy cream sauce
ʧíːzi kriːmsɔːs
● ● ● ●

having a ball
hǽvɪŋəbɔːl
● ● ● ●

解答

leave me
liːv miː
● ●
△▽△ ○▽

let it be
let ɪt biː
● ● ●
△△△ ▽△ ○▽

literature
lítrətʃɚ ● ● ●
△▽△△△△♥△
love you
lʌv juː ● ●
△△△ △◎
he's lost
hiːz lɔːst ● ●
△▽♥ △△♥△
gentleman
ʤéntlmən ● ● ●
△♥△△△△○△△

check-in meetings
tʃékɪn míːtɪŋz ●● ●●
△♥△△▽△ ○▽△▽△♥
he recommended
hiː rèkəméndɪd ● ●● ● ●
△▽ △△△△○△△△▽△
prejudice of class
préʤədɪs əv klæs ● ● ● ● ●
○△△△♥△△▽♥ △△ △△▽♥
cheesy cream sauce
tʃíːzi kriːm sɔːs ●● ● ●
△♥▽♥▽ △△▽○ ♥△♥
having a ball
hǽvɪŋ ə bɔːl ● ● ● ●
△▽△▽△ △ ○△△

テスト4 滑音/側音/破擦音 および テスト5 子音まとめ

やっと子音が終わりました。お疲れさまでした！　DAY 10, 11 では、ホースから水が噴き出るような滑音、舌の横から息が二手に分かれて前に出る側音、そして金だわしでキュッとひっかくような破擦音を学びました。

ではここで、**テスト④　滑音 / 側音 / 破擦音**と、**テスト⑤　子音まとめ**を受けてください。テスト動画は slidemethod.com にて無料で配信しています。

Chapter 4

二重母音

「英語のリズムを作る」

DAY ▸▸ 12 | 二重母音①

Video DAY 12

二重母音とは、音色が途中で滑らかに変わる母音です。２つの単母音の音色を含みますが、音節は１つです。リズムが独特ですので、はじめは歌を真似るように大げさに、音のリズムを真似て練習してみましょう。

二重母音の音量は、はじめが強くなり、次第に弱くなります。まずは、Rの音が入らない５つの二重母音から始めましょう。

IPA	代表単語	１つめの音→２つめの音
eɪ̯	aid	e → i
ɑɪ̯	ice	ɑ → ɪ
ɔɪ̯	toy	ɔ → ɪ
oʊ̯	home	ʊ → u
ɑʊ̯	how	ɑ → ʊ

二重母音1		型		
eɪ aid	e	三角笛・深め	横広滑り台	
		○あごは深めにぶら下がり ○上唇・口角・頰はぷよっ ○下唇はツルッとスライド	○プルプルのババロア ○目玉に意識集中 ○下唇裏ぬくぬく ○縁はぼんやり下歯裏 ○横後部が上奥歯にピタッ	
	↓			
	i	笑い笛・あご不動	舌ハム大	
		○頰はぷよっと上に逃げ ○さらにスライドしながら ○大笑い筋カーテンが開く	○舌はぷくぷく泡風呂 ○横は上歯にべったり ○目玉ぷっくり ○下歯・下唇裏にベター ○上歯③にペタッ	

Hey, am I too late to pay you back for my favorite, plain bagels that I ate in May?

eɪ eɪ eɪ éɪ eɪ éɪ eɪ eɪ

(あのさあ、君5月に僕の大好きなプレーンベーグル代立て替えてくれたけど、今さらそれを返すのって遅すぎ？)

e (egg) の音質から iː (eat) / i (honey) の音質に滑らかに変わる、**二重母音**です。

比較練習 

ɪ it				eɪ aid				e egg			
hit	hɪt	動	打つ	hate	heɪt	動	憎む	head	hed	名	頭
till	tɪl	前	…まで	tale	teɪl	名	物語	tell	tel	動	話す
give	gɪv	動	与える	gave	geɪv	動	give 過	get	get	動	得る
fit	fɪt	動	合う	fate	feɪt	名	運命	fed	fed	動	feed 過/過分
lid	lɪd	名	ふた	laid	leɪd	動	lay 過/過分	lead	led	名	鉛
bit	bɪt	名	少し	bait	beɪt	名	餌	bet	bet	動	賭ける
will	wɪl	名	意志	whale	weɪl	名	クジラ	well	wel	副	満足に
sin	sɪn	名	罪	sane	seɪn	形	正気の	send	send	動	送る

二重母音 2		型		
ɑɪ ice	ɑ	三角笛・深い	自然舌・フラット	
		◯あごは深くぶら下がり ◯上唇・口角・頬はぷよっ ◯下唇はツルッとスライド	◯舌の真ん中がプシューッ ◯上歯・口蓋に触らず ◯下唇裏ぬくぬく ◯縁はぼんやり下歯裏	
	↓			
	ɪ	笑い笛・あご不動	舌ハム小	
		◯頬はぷよっと上に逃げ ◯さらにスライドしながら ◯大笑い筋カーテンが開く	◯舌はぷくぷく泡風呂 ◯横は上歯にべったり ◯目玉ふんわり ◯下歯・下唇裏にベター ◯上歯④にペタッ	

I'm dying to find out the reason why I like Thai rice twice as much as sushi rice.

ɑɪ ɑɪ ɑɪ ɑɪ ɑɪ ɑɪ ɑɪ ɑɪ ɑɪ ɑɪ

(なぜ私が短粒の白米よりタイ米のほうが2倍も好きなのか、どうしても知りたいんです)

＊ sushi rice：寿司に使われる短粒種の白米

ɑː (hot) の音質から ɪ (it) の音質に滑らかに変わる、**二重母音**です。

二重母音3		型		
ɔɪ toy	ɔ	三角笛・ 深い・ヤンキー系	自然舌	
		○あごは深くぶら下がり ○上唇・口角・頬はぶよっ ○下唇は強くスライド	○プルプルのババロア ○目玉に意識集中 ○下唇裏にぺったり ○上歯・口蓋に触らず ○縁はぼんやり下歯裏	
	↓			
	ɪ	笑い笛・あご不動	舌ハム小	
		○頬はぶよっと上に逃げ ○さらにスライドしながら ○大笑い筋カーテンが開く	○舌はぶくぶく 泡風呂 ○横は上歯にべったり ○目玉ふんわり ○下歯・下唇裏にベター ○上歯④にペタッ	

Annoying boys pointed at alloy, toy coins floating with a doily in oily soy sauce.

ɔ́ɪ ɔɪ ɔ́ɪ ɔɪ ɔɪ ɔɪ ɔ́ɪ ɔ́ɪ ɔɪ

（近所迷惑な男の子たちは、油っぽい醤油の中をドイリーと一緒にプカプカ浮かぶ合金製のおもちゃのコインを指さした）＊ doily：花瓶などの下に敷く、小さな敷物

ɔː (hawk) の音質から ɪ (it) の音質に滑らかに変わる、**二重母音**です。

比較練習

Track 71

eɪ aid				ɑɪ ice				ɔɪ toy			
tale	teɪl	名	物語	tile	tɑɪl	名	タイル	toy	tɔɪ	名	玩具
cane	keɪn	名	杖	kind	kɑɪnd	形	親切な	coin	kɔɪn	名	コイン
fail	feɪl	動	落ちる	file	fɑɪl	名	ファイル	foil	fɔɪl	名	箔
ray	reɪ	名	光線	rye	rɑɪ	名	ライ麦	Roy	rɔɪ	人名	ロイ
pace	peɪs	名	歩	pile	pɑɪl	名	堆積	poison	pɔ́ɪzən	名	毒
bay	beɪ	名	湾	bye	bɑɪ	間投	さよなら	boy	bɔɪ	名	男の子
say	seɪ	動	言う	sigh	sɑɪ	名	溜息	soy	sɔɪ	名	大豆

二重母音4		型		
OU home	U	三角笛・深め・ヤンキー系	自然舌	
		◯あごは深めにぶら下がり ◯上唇・口角・頬はぶよっ ◯下唇は強めにスライド	◯プルプルのババロア ◯目玉に意識集中 ◯下唇裏にぺったり ◯上歯・口蓋に触らず ◯縁はぼんやり下歯裏	
	↓			
	u	ドーナツ笛 あご不動	自然舌	
		◯巾着のゴムをキュッ ◯真ん中にストロー ◯下唇は隠れ気味	◯下唇裏ぬくぬく	

No, don't buy whole milk yogurt. Only homemade ones are probiotic, you know.

OU OU OU ÓU ÓU ÓU OU OU

(ダメ、全乳のヨーグルトは買わないで。ホームメードのものだけが善玉菌が入っているのよ、知らないの)

この発音記号を見る限り、U → u の組み合わせとは感じづらいのですが、実際には U (cook) と同じ三角笛・深め・ヤンキー系を発音し、途中から巾着のゴムをキュッと縮めていくので、結果的に u (hoop) の音色で終わります。

二重母音5		型		
ɑʊ how	ɑ	三角笛・深い	自然舌・フラット	
		○あごは深くぶら下がり ○上唇・口角・頬はぶよっ ○下唇はツルッとスライド	○舌の真ん中がプシューッ ○上歯・口蓋に触らず ○下唇裏ぬくぬく ○縁はぼんやり下歯裏	
	↓			
	ʊ	三角笛 あご不動＋スライド	自然舌	
		○さらにツルッとスライド	○プルプルのババロア ○目玉に意識集中 ○下唇裏にぺったり ○上歯・口蓋に触らず ○縁はぼんやり下歯裏	

In an hour, the accountant found an ounce of powder around the brown couch.

ɑ́ʊ ɑ́ʊ ɑʊ ɑʊ ɑ́ʊ ɑ́ʊ ɑʊ ɑʊ

(1時間のうちに会計士は茶色のソファーの周りで1オンスの粉を発見した)

ɑː (hot) の音質から ʊ (cook) の音質に滑らかに変わる、**二重母音**です。

比較練習

Track 74

ɔː hawk				oʊ home				ɑʊ how			
hawk	hɔːk	名	タカ	home	hoʊm	名	家	how	hɑʊ	副	どんなふうに
talk	tɔːk	動	話す	toll	toʊl	名	使用税	towel	tɑʊl	名	タオル
gnaw	nɔː	動	噛み切る	no	noʊ	形	1つも…ない	now	nɑʊ	副	今
caught	kɔːt	動	catch 過/過分	coat	koʊt	名	コート	cow	kɑʊ	名	牛
fought	fɔːt	動	fight 過/過分	folk	foʊk	名	人々	found	fɑʊnd	動	find 過/過分
bought	bɔːt	動	buy 過/過分	boat	boʊt	名	船	about	əbɑ́ʊt	前	…について
walk	wɔːk	動	歩く	woke	woʊk	動	wake 過	wow	wɑʊ	間投	うわー！
saw	sɔː	動	see 過	so	soʊ	副	そのように	sour	sɑ́ʊɚ	形	酸っぱい
Sean	ʃɔːn	人名	ショーン	shown	ʃoʊn	動	show 過分	shower	ʃɑ́ʊɚ	名	シャワー
chalk	tʃɔːk	名	チョーク	choke	tʃoʊk	動	窒息させる	chow	tʃɑʊ	名	食物

「ポーズじゃなくてポーズだってば！」

Video DAY 12

ニューヨークで活躍する日本人で、ダンスの振付家の方から相談を受けました。「私が英語で**ポーズ**（止まって！）って言うと、ダンサーたちが変な目つきで私を見ながら、ロボットみたいに動き出すの…」

日本人の振付家や演出家が「**Pause!**（そこで止まって！）」と言ったつもりが、「**Pose!**（ポーズを取って！）」に聞こえたり、「**Pose!**（ポーズを取って！）」と言っているのに「**Pause!**（止まって！）」に聞こえたりするのです。混乱したダンサーたちは、新たにポーズを取るべきか、硬直するべきなのかわからずに、ドギマギして奇妙なロボットダンスを始めるのだそうです。滑稽なリハーサルの様子が思い浮かびますね。

笛を確認してみましょう。poseの二重母音のドーナツ笛では、「巾着のゴム」で唇をキュッとすぼませますが、pauseの単母音はヤンキー系ですから、上唇を全く下げません。上唇の緊張は音色を変えてしまうので、指で上唇をめくり上げ、抵抗がないかしっかり確認しましょう。

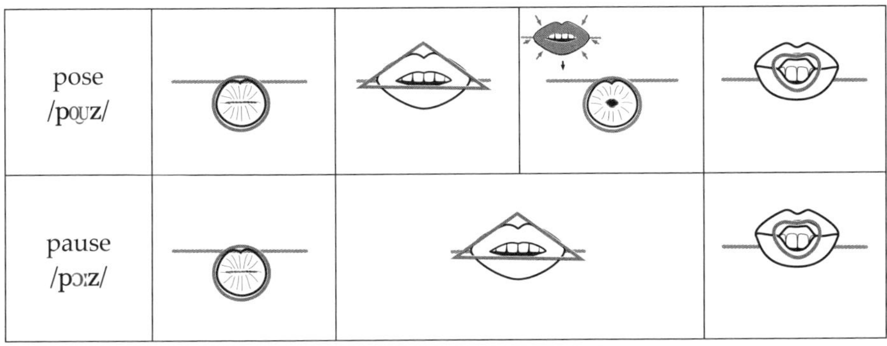

DAY ▸▸ 13 ｜ 二重母音②

Video DAY 13

ここでは、**途中からRの音が入る二重母音**５つを学びます。

辞書の中には、母音のR音の記号と子音のR音の記号に同じrの文字を使っているものもありますが、それでは発音記号を見た瞬間に、子音のR音なのか、単母音のR音なのか、二重母音の後半に含まれるR音なのかを見分けるのが、少し難しくなります。
この３つのR音はリズムが全く違うため、少し意識して違いを理解する必要があります。

そのためスライドメソッドでは、子音のR音のみにrを使い、単母音のR音は ɚː または ɚ としました。
そして二重母音のR音には右に ɚ をつけ、二重母音を構成する２つの記号の下を曲線でつなげることで、この２つの記号で１つの母音だと一目でわかるようにできています。

単母音のR音（→p.46）	ɚː ɚ
二重母音のR音	ɪɚ eɚ ʊɚ ɔɚ ɑɚ
子音のR音（→p.138）	r

R音の入る二重母音５つ

IPA	代表単語	1つめの音→2つめの音
ɪɚ	cheer	i → ɚ
eɚ	hair	e → ɚ
ʊɚ	sure	ʊ → ɚ
ɔɚ	more	ɔ → ɚ
ɑɚ	heart	ɑ → ɚ

筋ゆる先生の「英語は腹式呼吸？」

よく「腹から声を出しなさい」などといわれますね。
確かに、英語の発音はそれなりの息圧が必要となりますので、腹式呼吸はとても重要だといえます。ただ、本当は、腹式呼吸と胸式呼吸が連動し合って英語を発声するんだと思ってください。

呼吸の仕方に問題があると立体的な英語発音ができないともいえますね。本書を読んで実践しても、呼吸のイメージがなかなかつかめなくて悩んでしまった場合は、胸をとりまく骨格を固めてしまう「胸郭ロック」が起こっていないか、横隔膜が弱っていないか、首から上の緊張がないか、その３点を声の専門家（医師、ボイストレーナーなど）に調べてもらうことで解決につながります。

また、呼吸や声帯そのものに問題のない人でも、日本人の大多数が正しい声の出し方を知らないために、声というものを自由に豊かに使いこなせていないのも事実です。

詳しい説明は、「か細い声で悩んでますか？」(p.200) を読んでください。声を使う日本人全員に読んでいただきたい、重要な情報です。

二重母音6		型		
ɪɚ cheer	i	笑い笛	舌ハム大	
		○あごはふんわりぶら下がり ○上唇・口角・頬はぷよっ ○下唇はツルッとスライド ○大笑い筋カーテンが開く	○舌はぶくぶく泡風呂 ○横は上歯にべったり ○目玉ぷっくり ○下歯・下唇裏にベター ○上歯③にペタッ	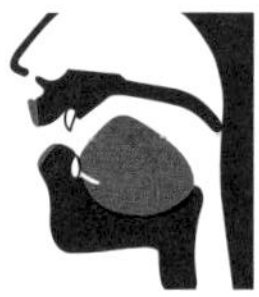
	↓			
	ɚ	三角笛	R舌	
		○あごはふんわりぶら下がり ○上唇・口角・頬はぷよっ ○下唇はツルッとスライド	○舌はふわふわ羽毛布団 ○★は横にビヨーン ○上奥歯につっぱり棒 ○先は受動的に上を向く	

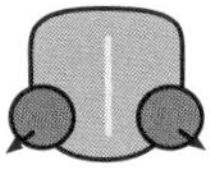

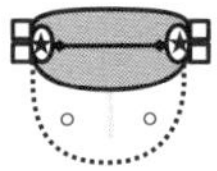

We're in tears, hearing the weird cheers of our peers coming from the rear door.

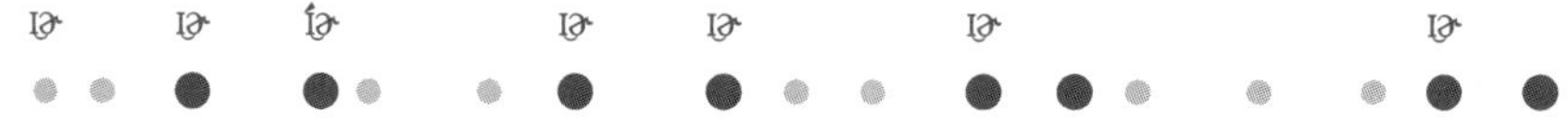

（後ろのドアから聞こえてくる同僚たちの奇妙な声援を聞きながら我々は泣いている）

iː (eat) / i (honey) の音質から ɚː (bird) / ɚ (percent) の音質に滑らかに変わる、**二重母音**です。

二重母音7		型		
eɚ hair	e	三角笛・深め	横広滑り台	
		◯あごは深めにぶら下がり ◯上唇・口角・頬はぶよっ ◯下唇はツルッとスライド	◯プルプルのババロア ◯目玉に意識集中 ◯下唇裏ぬくぬく ◯縁はぼんやり下歯裏 ◯横後部が上奥歯にピタッ	
	↓			
	ɚ	不動	R舌	
		◯わずかにスライドを加える	◯舌はふわふわ羽毛布団 ◯★は横にビヨーン ◯上奥歯につっぱり棒 ◯先は受動的に上を向く	

How dare you share my hair spray with various, hairy barbarians in the library!

(図書館のいろんな毛むくじゃらの野蛮人たちに私のヘアスプレーをよくも貸してくれたわね！)

e (egg) の音質から ɚː (bird) / ɚ (percent) の音質に滑らかに変わる、**二重母音**です。

比較練習

Track 77

iː eat				ɪə cheer				eə hair			
he	hiː	代名	彼が	here	hɪə	副	ここに	hair	heə	名	髪の毛
tea	tiː	名	茶	tear	tɪə	名	涙	tear	teə	動	引き裂く
D	diː	名	D	dear	dɪə	形	親愛な	dare	deə	助動	あえて…する
knee	niː	名	膝	near	nɪə	副	近く	snare	sneə	名	罠
fee	fiː	名	謝礼	fear	fɪə	名	恐怖	fare	feə	名	運賃
pea	piː	名	豆	peer	pɪə	名	同僚	pair	peə	名	一対
bee	biː	名	ハチ	beer	bɪə	名	ビール	bare	beə	形	裸の
we	wiː	代名	私たちが	we're	wɪə	短縮	we are	where	weə	副	どこに
she	ʃiː	代名	彼女が	sheer	ʃɪə	形	本当の	share	ʃeə	名	分け前
cheese	tʃiːz	名	チーズ	cheer	tʃɪə	名	かっさい	chair	tʃeə	名	椅子

二重母音8		型		
ʊɚ sure	ʊ	三角笛・深め・ヤンキー系	自然舌	 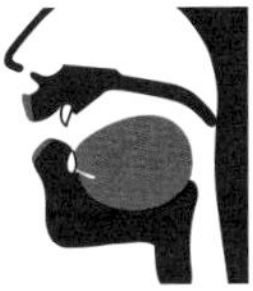
			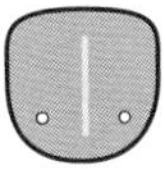	
		◯あごは深めにぶら下がり ◯上唇・口角・頬はぷよっ ◯下唇は強めにスライド	◯プルプルのババロア ◯目玉に意識集中 ◯下唇裏にぺったり ◯上歯・口蓋に触らず ◯縁はぼんやり下歯裏	
	↓			
	ɚ	不動	R舌	 
			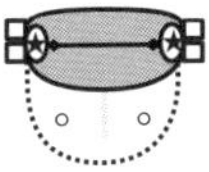	
		◯わずかにスライドを加える	◯舌はふわふわ羽毛布団 ◯★は横にビヨーン ◯上奥歯につっぱり棒 ◯先は受動的に上を向く	

During the tour, your maturity and endurance surely cured the poor in the moor.

(旅の間、あなたの落ち着いて辛抱強い態度が荒野の貧民たちを慰めました)

ʊ (cook) の音質から ɚː (bird) / ɚ (percent) の音質に滑らかに変わる、**二重母音**です。

二重母音 9		型		
ɔɚ more	ɔ	三角笛・ 深い・ヤンキー系	自然舌	
			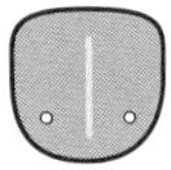	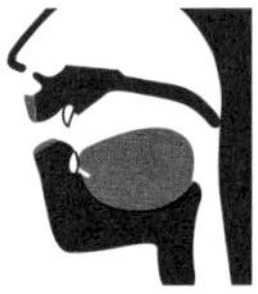
		◯あごは深くぶら下がり ◯上唇・口角・頬はぶよっ ◯下唇は強くスライド	◯プルプルのババロア ◯目玉に意識集中 ◯下唇裏にぺったり ◯上歯・口蓋に触らず ◯縁はぼんやり下歯裏	
	↓			
	ɚ	不動	R舌	
			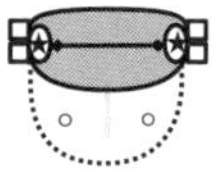	
		◯わずかにスライドを加える	◯舌はふわふわ羽毛布団 ◯★は横にビヨーン ◯上奥歯につっぱり棒 ◯先は受動的に上を向く	

The extraordinary horn player never opened the door when he heard a roar.

（卓越した管楽器奏者は、吠え声を聞いても決してドアを開けませんでした）

ɔː (hawk) の音質から ɚː (bird) / ɚ (percent) の音質に滑らかに変わる、**二重母音**です。

比較練習

Track 80

ʊɚ sure				ɔɚ more				ɔː hawk			
tour	tʊɚ	名	小旅行	tore	tɔɚ	動	tear 過	talk	tɔːk	動	話す
during	dʊ́ɚrɪŋ	前	…の間ずっと	door	dɔɚ	名	扉	dog	dɔːg	名	犬
moor	mʊɚ	動	(船などを)つなぐ	more	mɔɚ	形	many 比較	maw	mɔː	名	(動物の)胃
sure	ʃʊɚ	形	確信して	shore	ʃɔɚ	名	岸	shawl	ʃɔːl	名	肩かけ

二重母音10		型		
ɑɚ heart	ɑ	三角笛・深い	自然舌・フラット	
		○あごは深くぶら下がり ○上唇・口角・頬はぶよっ ○下唇はツルッとスライド	○舌の真ん中がプシューッ ○上歯・口蓋に触らず ○下唇裏ぬくぬく ○縁はぼんやり下歯裏	
	↓			
	ɚ	不動	R舌	
		○わずかにスライドを加える	○舌はふわふわ羽毛布団 ○★は横にビヨーン ○上奥歯につっぱり棒 ○先は受動的に上を向く	

At the barbecue party, the artist carved a heart in a cart in the backyard barn.

(バーベキュー・パーティーの際、その芸術家は裏庭の納屋で荷車にハートマークを彫刻した)

ɑː (hot) の音質から ɚː (bird) / ɚ (percent) の音質に滑らかに変わる、**二重母音**です。辞書によっては ɑːɚ という記号を使っています。

比較練習

Track 82

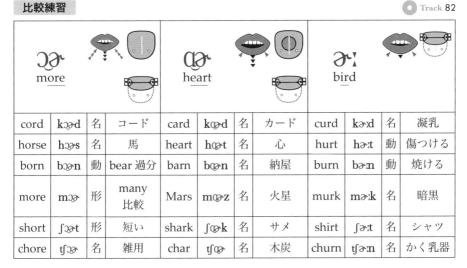

ɔɚ more				ɑɚ heart				ɚː bird			
cord	kɔɚd	名	コード	card	kɑɚd	名	カード	curd	kɚːd	名	凝乳
horse	hɔɚs	名	馬	heart	hɑɚt	名	心	hurt	hɚːt	動	傷つける
born	bɔɚn	動	bear 過分	barn	bɑɚn	名	納屋	burn	bɚːn	動	焼ける
more	mɔɚ	形	many 比較	Mars	mɑɚz	名	火星	murk	mɚːk	名	暗黒
short	ʃɔɚt	形	短い	shark	ʃɑɚk	名	サメ	shirt	ʃɚːt	名	シャツ
chore	tʃɔɚ	名	雑用	char	tʃɑɚ	名	木炭	churn	tʃɚːn	名	かく乳器

比較練習

Track 83

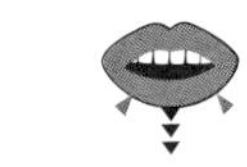
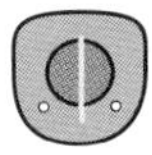

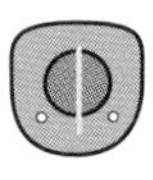

ɑː hot				ɑɚ heart			
cod	kɑːd	名	タラ	card	kɑɚd	名	カード
hot	hɑːt	形	熱い	harm	hɑɚm	名	害
God	gɑːd	名	神	guard	gɑɚd	名	番人
top	tɑːp	名	頂上	tarp	tɑɚp	名	防水シート
dot	dɑːt	名	小点	dart	dɑɚt	名	投げ矢
bomb	bɑːm	名	爆弾	bar	bɑɚ	名	棒

Happy New EAR?

Video DAY 13

年末年始にかけて、「yearの発音で笑われて悔しい」という悩み相談をたくさん受けます。「新耳開きましておめでとう！」なんてことにならないように、yearのはじめには必ず、滑音 j (year) を入れましょう。earとyearの発音の違いは、この子音がはじめに入るか入らないかだけです。二重母音部分は同じです。

ear ɪɚ
year jɪɚ

この j (year) から二重母音ɪɚ (cheer) の1つめの音への移行で起こる変化を、型で見てみましょう。舌ハム大のまま、三角笛から笑い笛に変わります。

	j	ɪɚの1つめの音	ɪɚの2つめの音
笛			
舌			
天窓	閉	閉	閉
声帯	有声	有声	有声

j (year) の三角笛は笑い笛よりも、口角の横幅が狭いですね。その狭いところに膨らんだ舌斜め前が詰まり、ブニュッとはみ出していたのが、笑い笛に変わる瞬間に開放されます。この動きは跳び箱の踏み台のように弾力を使った動きです。動画で確認しましょう。

コーヒーショップ英会話

Video DAY 13　Extra #8

コーヒーショップでの会話です。下線部分を自由に入れ替えて、練習してみましょう。動画で詳しく説明しています。

A: Hi! How are you doing?（いらっしゃいませ！　お元気ですか？）

B: Fine, thanks.（元気です。ありがとう）

A:What can I get you?（ご注文は？）

B: I'll have a small cappuccino please.（カプチーノのスモールサイズをください）

A: What's your name?（お名前は？）

B: It's Ken.（ケンです）

A: That'll be three fifty-nine.（3ドル59セントになります）

B: Here you go.（はいどうぞ）

習った音だけ復習⑧

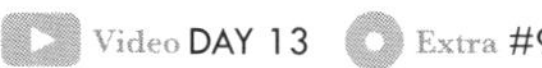

動画と一緒に始めましょう。難しい箇所があれば、発音記号の下に笛の形を書き込み、まずは笛の動きだけを練習するとよいでしょう。
△：三角笛 / ◎：ドーナツ笛 / ○：巾チャック笛 / ▽：笑い笛 / ♥：ハート笛です。

三角笛	ドーナツ笛	巾チャック笛	笑い笛	ハート笛

right next to me
r ɑɪ t n e k s t t ə m iː ● ● • ●
△△▽△△△△♥△△△○▽
great waves
g r eɪ t w eɪ v z ● ●
curiosity has its own reason for existence
k j ʊ̀ ɚ i ɑ́ː s ə t i h æ z ɪ t s oʊ n r íː z n̩ f ɚ ɪ g z í s t ə n s ● • ● • • • • ● ● • • • ● •
Lullaby of Birdland
l ʌ́ l ə b ɑ̀ɪ ə v b ɚ́ː d l æ̀ n d ● • ● • ● ●

don’t leave me alone
d oʊ n t l iː v m iː ə l óʊ n
let it snow
l e t ɪ t s n oʊ
ladies and gentlemen
l éɪ d i z æ n d dʒ é n t l̩ m ə n
Charlie’s chessboard
tʃ ɑ́ɚ l i z tʃ é s b ɔ̀ɚ d
be brave for your loved ones
b iː b r éɪ v f ɚ j ɚ l ʌ v d w ə n z
I won’t do that
ɑɪ w oʊ n t d uː ð æ t

I wouldn't make it
ɑ͜ɪ w ʊ́ d n̩ t m e͜ɪ k ɪ t • ● • ● •
they tell you the truth
ð e͜ɪ t e l j uː ð ə t r uː θ • ● • • ●
those moments in life
ð o͜ʊ z m ó͜ʊ m ə n t s ɪ n l ɑ͜ɪ f ● ● • • ●
how about that
h ɑ͜ʊ ə b ɑ́͜ʊ t ð æ t ● • ● ●
how to safely pierce your own ear
h ɑ͜ʊ t ə s é͜ɪ f l i p ɪ͜ɚ s j ɚ o͜ʊ n ɪ͜ɚ ● • ● • ● • ● ●
toothache relief
t úː θ è͜ɪ k r ɪ l íː f ● ● • ●
favorite hairstyle
f é͜ɪ v r ə t h é͜ɚ s t ɑ̀͜ɪ l ● • ● ●

surely simple
ʃ ʊ́͡ə˞ l i s í m p l̩ ● • ● •
get the most out of it
g e t ð ə m ó͡ʊ s t á͡ʊ t ə v ɪ t ● • ● ● • •
heartbroken poems
h ɑ́͡ə˞ t b r ò͡ʊ k n̩ p ó͡ʊ ə m z ● ● • ● •
door-to-door
d ɔ̀͡ə˞ t ə d ɔ́͡ə˞ ● • ●

解答：

great waves
greɪt weɪvz ● ● △△△▽△ ◎△▽△♥
curiosity has its own reason for existence
kjʊ̀ɚiɑ́ːsəti hæz ɪts oʊn ríːzn̩ fɚ ɪgzístəns ●•●•• • • ● ●• •• ●• △△△△▽△♥△△▽ △▽♥ ▽△♥ △◎△ △▽♥△ △△ ▽△♥▽♥△△△♥
Lullaby of Birdland
lʌ́ləbaɪ əv bɚ́ːdlæ̀nd ●• ●• ● ● △△△△○△▽ △△ ○△△△▽△△
don’t leave me alone
doʊnt liːv miː əlóʊn ● ● ••● △△◎△△ △▽△ ○▽ △△△◎△
let it snow
let ɪt snoʊ ●• ● △△△ ▽△ ♥△△◎
ladies and gentlemen
léɪdiz ænd dʒéntl̩mən ●• • ●•• △△▽△▽♥ ▽△△ △♥△△△△○△△
Charlie’s chessboard
tʃɑ́ɚliz tʃésbɔ̀ɚd ●• ● ● △♥△△△▽♥ △♥△♥○△△△
be brave for your loved ones
biː breɪv fɚ jɚ lʌvd wənz • ● •• ● • ○▽ ○△△▽△ △△ △△ △△△△ ◎△♥

I won’t do that
aɪ woʊnt duː ðæt • ● ● • △▽ ◎△◎△△ △◎ △▽△
I wouldn’t make it
aɪ wʊ́dn̩t meɪk ɪt • ● • ● • △▽ ◎△△△△ ○△▽△ ▽△
they tell you the truth
ðeɪ tel juː ðə truːθ • ● • • ● △△▽ △△△ △◎ △△ △△◎△
those moments in life
ðoʊz móʊmənts ɪn laɪf ● ● • • ● △△◎♥ ○△◎○△△△♥ ▽△ △△▽△
how about that
haʊ əbáʊt ðæt ● • ● ● △△△ △○△△△ △▽△
how to safely pierce your own ear
haʊ tə séɪfli pɪɚs jɚ oʊn ɪɚ ● • ● • ● • ● ● △△△ △△ ♥△▽△△▽ ○▽△♥ △△ △◎△ ▽△
toothache relief
túːθèɪk rɪlíːf ● ● • ● △◎△△▽△ △▽△▽△
favorite hairstyle
féɪvrət héɚstàɪl ● • ● ● △△▽△△△△ △△△♥△△▽△
surely simple
ʃʊ́ɚli símpl̩ ● • ● • ♥△△△▽ ♥▽○○△

get the most out of it
get ðə mo͜ʊst ɑ͜ʊt əv ɪt ● • ● ● • • △△△ △△ ○△◎♥△ △△△ △△ ▽△
heartbroken poems
hɑ́͜ɚtbrò͜ʊkn̩ pó͜ʊəmz ● ● • ●• △△△△○△△◎△△ ○△◎△○♥
door-to-door
dɔ̂͜ɚ tə dɔ́͜ɚ ● • ● △△△ △△ △△△

テスト6　二重母音まとめ

DAY 12, 13 では二重母音 10 音を学びました。二重母音とは、単母音の音色が組み合わさり 1 つの音節を作る母音でした。これで全音終了です。
お疲れさまでした！

ここで、**テスト⑥　二重母音まとめ**を受けてから、次に進んでください。テスト動画は slidemethod.com にて無料で配信しています。
DAY 14 では、覚えておくと便利な綴りと発音のルールと、リンキングとフレーズについて学びます。

Chapter 5

リンキング

「滑らかな英語発音を作る」

DAY ▸▸ 14 | リンキング

Video DAY 14

単語と単語をどうつなぐ？　滑らかな英語発音へのパスポート

英会話で「スライド」をどう活用する？

ここまで全音を一通り学びました。

すべての笛を作る際に登場したスライドの動き。実際の英会話の中ではいったい、どのように使われるのでしょうか。

スライドは、私たち日本人の口周辺に存在する「日本語連動筋」を、英語の間だけぼんやりさせるために使われます。例えるならば、赤ちゃんのゆりかごを揺らし続けるようなものです。

ゆりかごが揺れるとわずかな風が生まれ、気持ちが良いですね。止めると緊張感が生まれ、赤ちゃんが目覚めてしまうかもしれません。

同様に、英語を話す間だけ日本語連動筋が起きないように、そよ風のようにさり気なく、そして絶え間なく、口周りの皮をスライドの方向（右図のピンク矢印）に滑らせ続けます。そうすれば確実に日本語訛りを防ぐことができます。

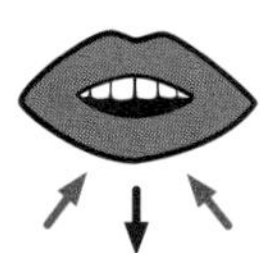

DAY 14では、日本語訛りの原因となる口の無駄な動きをすべて省いた、正しく本質的なリンキングの仕方をマスターし、いよいよここから、ネイティブのように滑らかな英語発音の作り方を学んでいきます。その前に、覚えておくと便利な「**綴りと発音のルール**」をご紹介しましょう。

綴りと発音のルール

英語発音のルールはシンプルですが、英語の綴りと発音のルールには例外も多いものです。聞き慣れない単語の場合は念のため辞書を調べることをお勧めします。

ルール１　**単数名詞を複数形にする場合**

最後の s (es) の部分をどう発音するでしょうか。下の表の空欄を埋めてみましょう。

Extra #10

綴り			綴り	
hat	hæt	帽子	hats	hæts
cup	kʌp	カップ	cups	kʌps
card	kɑ͜ɚd	カード	cards	kɑ͜ɚdz
bag	bæg	バッグ	bags	bægz
rose	ro͜uz	バラ	roses	ró͜uzɪz
glass	glæs	ガラス	glasses	glǽsɪz
clock →		掛け時計	clocks →	
laugh →		笑い	laughs →	
kitten →		子猫	kittens →	
church →		教会	churches →	

（解答は p.196）

複数形の原則：

原形の最後の音、つまり発音記号（文字ではなく、音）を見てその記号が、

1．例外6音　s (sigh) / z (zoo) / ʃ (shut) / ʒ (rouge) / tʃ (chair) / ʤ (joke) であれば、ɪz を足します。母音が増えたため、1音節増えます。

この例外6音は、「ハート笛」を使う音と一致するので、**例外は「ハート6音」**と覚えましょう。

2．例外以外の無声音であれば、原形の発音に s (sigh) を足します。

3．例外以外の有声音であれば、原形の発音に z (zoo) を足します。

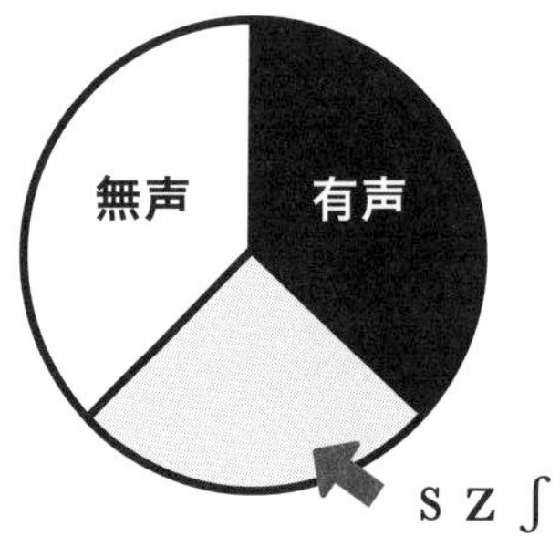

解答：

clock →	klɑːk	clocks →	klɑːks
laugh →	læf	laughs →	læfs
kitten →	kítn̩	kittens →	kítn̩z
church →	tʃɚːtʃ	churches →	tʃɚ́ːtʃɪz

ルール2　**名詞を所有格にする場合　（例：Pete　→　Pete's）**

ルール3　**動詞の一人称・単数・現在形を、三人称・単数・現在形にする場合（例：I teach　→　he teaches）**

ルール1と同じ原則が、ルール2と3にも当てはまります。次のページにある表の空欄を埋めてみましょう。

綴り		和訳		綴り	
Pete	piːt	人名	ピート	Pete's	piːts
dog	dɔːg	名	犬	dog's	dɔːgz
ask	æsk	動	質問する	asks	æsks
tell	tel	動	話す	tells	telz
bridge	brɪʤ	名	橋	bridge's	bríʤɪz
exit →		動	退去する	exits →	
churn →		動	かき回す	churns →	
hide →		動	隠れる	hides →	
hiss →		動	シーッと言う	hisses →	
throw →		動	投げる	throws →	
reserve →		動	予約する	reserves →	
allow →		動	許す	allows →	
Pam →		人名	パム	Pam's →	
teach →		動	教える	teaches →	

解答：

exit	égzɪt	exits	égzɪts
churn	tʃɚːn	churns	tʃɚːnz
hide	hɑɪd	hides	hɑɪdz
hiss	hɪs	hisses	hísɪz
throw	θroʊ	throws	θroʊz
reserve	rɪzɚ́ːv	reserves	rɪzɚ́ːvz
allow	əlɑ́ʊ	allows	əlɑ́ʊz
Pam	pæm	Pam's	pæmz
teach	tiːtʃ	teaches	tíːtʃɪz

ルール4　動詞の一人称・現在形を、過去形 / 過去分詞形にする場合

空欄を埋めてみましょう。

Extra #12

綴り		和訳（動詞）	綴り	
bake	beɪk	オーブンで焼く	baked	beɪkt
sip	sɪp	少しずつ飲む	sipped	sɪpt
peep	piːp	こっそり見る	peeped	piːpt
spice	spɑɪs	…に香辛料を入れる	spiced	spɑɪst
pay	peɪ	支払う	paid	peɪd
close	kloʊz	閉じる	closed	kloʊzd
seat	siːt	…を座らせる	seated	síːtɪd
search	sɚːtʃ	探す	searched	sɚːtʃt
serve	sɚːv	仕える	served	sɚːvd
grab	græb	つかむ	grabbed	græbd
start	stɑɚt	出発する	started	stɑ́ɚtɪd
agree →		同意する	agreed →	
answer →		答える	answered →	
end →		終わる	ended →	
finish →		終える	finished →	
wish →		切望する	wished →	
purchase →		購入する	purchased →	
complete →		…を完了する	completed →	

（解答は次のページ）

原則：

このルールも、原形の最後の発音記号（文字ではなく、音）から考えます。その記号が、

1．例外 2 音 t (talk) / d (dance) であれば、ɪ (it) + d (dance) を足します。母音が増えたため、1 音節増えます。

2．例外以外の無声音であれば、t (talk) を足します。

3．例外以外の有声音であれば、d (dance) を足します。

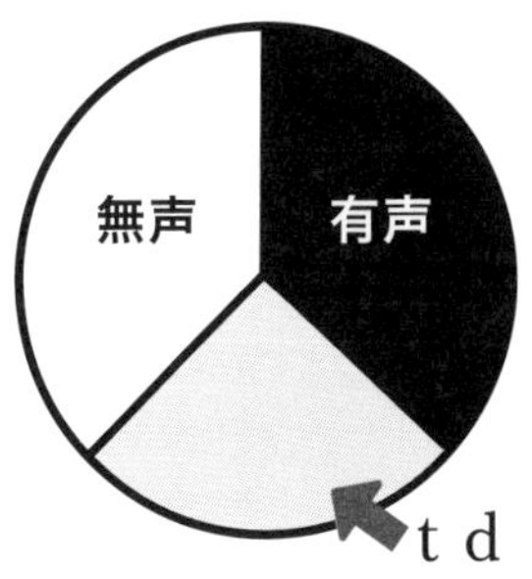

解答：

agree	əgríː	agreed	əgríːd
answer	ǽnsɚ	answered	ǽnsɚd
end	end	ended	éndɪd
finish	fínɪʃ	finished	fínɪʃt
wish	wɪʃ	wished	wɪʃt
purchase	pɚ́ːtʃəs	purchased	pɚ́ːtʃəst
complete	kəmplíːt	completed	kəmplíːtɪd

筋ゆる先生の「か細い声で悩んでますか？」

「英語は腹式呼吸？」（→ p.175）で、日本人特有の呼吸の問題点があると説明しました。ここではそれらの問題点を具体的に説明します。

1．胸郭ロック (Rib cage lock)

胸式呼吸の要となるところです。

肺を取り囲んでいる肋骨や背骨などを胸郭（きょうかく）といいますが、日本人は、何らかの原因によりこれらの動きが悪くなり、か細い声になっているケースが多いです。

具体的には、背骨や胸郭に関係する関節が固まっていたり、肩や背中の筋肉がバリバリに凝っていたり、悪い姿勢を取る習慣などによって胸郭をうまく動かせなくなっていることなどが原因として挙げられます。

これらは、英語の発音とか以前に、身体の機能異常です。色々書籍も出ていますが、一度、専門家の意見を聞いてみたほうが早いかもしれません。カイロプラクター、スポーツトレーナー、呼吸法の専門家などで信頼できる人を探しましょう。

2．横隔膜の弱さ

横隔膜はみぞおちの裏側あたりで胴体を上下に分割している筋肉で、腹式呼吸の要といえます。

英語の発音では、やはり横隔膜を使いこなすことが大切です。でも、日本語は横隔膜をあまり使わずに発声できる言語ですので、日本人はこの横隔膜がちょっと弱くなっているともいえます。

これを機に、横隔膜を鍛えていきましょう。横隔膜の鍛え方については、様々な呼吸法の書籍も多いですし、ヨガ、禅、瞑想などの分野でも多く取り上げられています。

3．首から上の緊張

「声帯を閉めないで」とボイス科ドクター、ボイストレーナー、スポーツトレーナー、整体やカイロプラクティックで言われたりしますが…。

声帯は、文字通り声を作るところで、主に筋肉でできています。基本的には独立した組織ですので、医学的には、首から上に力が入っていても、普通に発声できると考えられています。

しかし実際のところ、首から上に無駄な力が入っていると、首や肩甲骨、顎関節、舌などの動きがかなり制限されてしまいます。なので、英語の発音においては大きな障壁となります。

余分な力を抜くことは何よりも大切です。

リンキング

Video DAY 14

リンキングの確実な方法

リンキングができると、ネイティブのような発音になると聞いたことがありますか？　ここでは最もシンプルで本質的な「リンキングの捉え方」をお教えします。

英文は、単語ごとに区切って書かれますね。例えば What are you doing? は、4つの単語に分かれています。ところがそれを発音する際は、1つの長い単語のようにつながります。

では、どうつながる（リンクされる）のでしょうか。型の意味を理解したあなたにとっては簡単ですね。

単語 A と単語 B がつながるとき、

単語 A の最後の型と、**単語 B の最初の型**を見比べます。

「型」は、笛 / 舌 / 天窓 / 声帯　の組み合わせでしたね。
それらの中で、音が変わる瞬間に変わる部分のみ、(唇、あご、舌などの) 無駄な動きを一切やめて、音と音をつなげることを「リンキング」といいます。

具体的に見てみましょう。

What are you doing?
発音記号にしたら　wɑːt ɚ juː dúːɪŋ　です。

まずは、what の最後の t から are の ɚ にリンクさせます。型の変化を見てみましょう。

t (talk)	三角笛のまま	垂れ幕↓	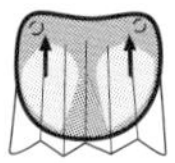	窓閉じたまま	無声↓
ɚ (percent)		R舌	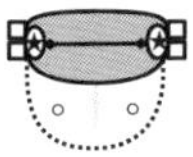		有声

変わるのは舌と声帯だけ、他は動かしません。肺からの息も流し続けます。

２つ目のリンクは、ɚ から j です。変わる部分のみを動かします。

ɚ (percent)	三角笛のまま	R舌↓	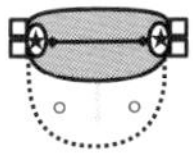	窓閉じたまま	有声のまま
j (year)		舌ハム大	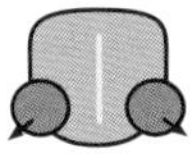		

３つ目のリンクは uː から d です。

uː (hoop)	ドーナツ笛↓		自然舌↓	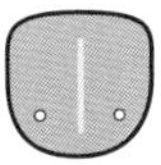	窓閉じたまま	有声のまま
d (dance)	三角笛		垂れ幕	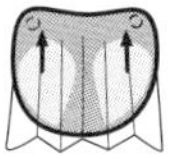		

次のセンテンスを、つなげてみましょう。

I earned that.
ɑɪ ɚːnd ðæt

ɑɪ は二重母音で２つの音でできていますが、その２つめの音から ɚː につながり、d から ð につながります。

フレーズをそこで切らない限り、単語と単語はこのようにシンプルに、型から型に直接つながります。

変化する部分以外を変えてしまうとどうなるでしょうか？
答えは簡単。「訛り」が生じます。余計な音が入るからです。

※リエゾンとは、個々の単語で発音されない最後の文字が、次の単語の特定の音につながるときだけ亡霊のように音として現れるというものです。フランス語やイギリス英語に一部使われますが、**アメリカ英語には存在しません**。

では次に、どんな場合に単語と単語をリンクさせないほうがよいか、つまりフレーズをどこで切ったほうがよいかを、一緒に考えてみましょう。

フレーズの切り方

そこで敢えて「**リンクさせない場合の３つの理由**」

フレーズを切る（＝息をいったん切る　＝リンクさせない）理由は、**そのほうが聞きやすい**ためです。

言葉の難しさ、混同しやすい似た言葉があるか、気持ちの入れ方、そして聞き手のリスニング力などによっても、変わってきます。

ネイティブスピーカーにとっては、より多くの単語と単語をリンクしたほうが耳が慣れているので聞きやすいことが多いのですが、ノンネイティブスピーカーと話す場合はそうとも限りません。相手が何度も単語を聞き返すようでしたら、丁寧に１語１語区切って発音したほうが親切なこともあります。

通常は話し手が、どこでフレーズを切るか、どの単語を引き立てるかを決めてよいのですが、ネイティブスピーカーとの会話において無意味にフレーズを切ると、相手にとって聞き取りにくくなってしまいます。

そこで、１文の中で「こんなタイミングでフレーズを切ると、スッキリまとまりやすい」という例を、いくつか挙げてみます。

1）イメージの一区切り

言葉は色々な視覚的イメージを与えますね。「青い海」と言われたら、青い海を思い浮かべるように。次の例文を見てみましょう。

My youngest daughter planted an apple tree in her little garden.
(私の末っ子の娘が小さな庭にりんごの木を植えました)

My youngest daughter と言われたら、何となく、どんな娘か想像しちゃいますよね。赤毛で三つ編みの 10 代の女の子など。

その後に planted an apple tree と言われると、その娘がリンゴの木を植える光景が浮かびます。

そして in her little garden と聞くと、今度はリンゴの木が植えられた小さな庭が見えてきますね。

つまり聞き手は、**娘➡リンゴの木➡庭**　というイメージのかたまりを追っています。

それぞれのイメージの一区切りで、わずかな間でも息を止めると、聞きやすいスピーチになります。想像力を使ってイメージすると鮮明に記憶に残るため、カリスマ性のある講演者はフレーズの間に時間をたっぷり取ることで、聴衆に想像させ笑わせたり感動させたりしています。

2）思考のかたまりの一区切り

スピーチには何かしらのメッセージがあるものですが、そのメッセージの前に存在するのが、小さな1つひとつの思考のかたまりです。

聞き手は1つひとつの思考を追いながら、「ああ、そうか」「ふむふむ、なるほど」「そんなこともあったのか」と頭で追っていきます。

それが消化されてはじめて、「それはあなた、ずいぶん大変だったねえ」という結論に至ります。

それらのかたまりの終わりに、息を切ってちょっと待ってあげると、聞き手は考える時間が与えられるので、話についていきやすいのです。

そこにはカンマやピリオドが入ることが多いのですが、入らない場合もあります。下の例文を見てみましょう。例えば縦線の部分で、1～2秒ほど待ってみると、聞き手は内容を理解する時間があって、リラックスできると思いませんか？

Charlatan is a person | falsely claming to have a special knowledge or skill. |

（ペテン師とは、特別な知識や技術を持っているふりをする人のことです）

3）キーワードの引き立て

もう1つが、単語の前後に軽く息を止め、**単語を引き立たせる**テクニックです。

キーワード、伏線を含む言葉、聞き慣れない言葉、前の単語と直接つなげると聞き取りにくい単語、2つのものを比較するとき、箇条書きを読み上げるときなどに使われます。

先ほどの例文を使って、聞き慣れない言葉、つまりキーワードとなる charlatan の前後に空白を置くことで、この単語を引き立たせてみましょう。

| “Charlatan” | is a person falsely claming to have a special knowledge or skill.

次に、下のアイスクリームのフレーバーのリストを、縦線部分で息を切りながら、読んでみましょう。

What flavors do you have?（何味がありますか？）

We have | vanilla, | chocolate | and strawberry.

（バニラと、チョコレートと、イチゴ味があります）

続けて一息で読んでしまうより、ずっと聞き取りやすくなりましたね。

以上が、単語と単語をリンクしない場合の、主な理由です。しっかり理解し応用すれば、とても役に立ちます。

音節ごとの息の山

英語のリズムを学ぶために重要な点が、もう１つあります。
それは、息の吐き方です。英語は音節１つひとつに「息の山」を吐きます。
息は山の形なので、山脈のようにうねりを持ちます。それがアメリカ英語のリズムを作ります。

「英語は抑揚！」と短絡的に考えてしまうと強弱や長短のことを忘れ、音程の高低差ばかり引き立ててしまいがちです。なぜなら日本語は音程のアップダウンが目立ち、強弱や長短の変化が大変乏しい言語だからです。

それが日本語特有の prosody を作っています。日本語は俳句の５－７－５のリズムをベースにしてできています。そして日本語は息を前に静かに押し続ける発声法を使っています。

大きな栗の～
木の下で～
あ～な～た～と～
わ～た～し～～

「大きな栗の～木の下で～」と歌ってみれば、息を投げずに「前に押し続ける」という意味を感じやすいかと思います。

話を英語に戻しましょう。

英語は日本語と違い、音節は**息の山**です。山の形をした息を、音節ごとに吐く必要があるのです。

弱い音節は、小さな息の山を投げます。
強い音節は、大きな息の山を投げます。
長い音節は、息の山を遠くに投げます。
短い音節は、息の山を近くに投げます。

例えば I'm moving to New York City.

I'm moving to New York City

と言う場合、この上の波のように、１つひとつの音節に対して息の山を投げかけます。繰り返しますが、この山は声の高低を表しているのではありません。真冬のマラソンのように、口から吐く息が目に見えたときの、その大きさです。音節（母音）ごとに山の頂上が見えます。詳しくは動画でご説明します。

サンドイッチを注文する

Video DAY 14　Extra #13

動画で詳しく説明しています。音節リズムを意識しながら、一緒に練習しましょう。

A = Customer（お客）
B = Vendor（店員）

A: Hello!（こんにちは）

B: Good afternoon.（こんにちは）

A: How are you today?（お元気ですか？）

B: Fine. What would you like today?（おかげさまで。今日は何を召し上がりますか？）

~

A: I'd like a hot pastrami sandwich, please.
（ホットパストラミサンドイッチをください）

B: What type of bread would you like it on?（パンの種類はどうしましょうか？）

A: Rye bread, please.（ライ麦パンでお願いします）

B: Would you like that grilled?（グリルしましょうか？）

A: Oh yes, that would be perfect!（はい！ それは最高ですね）

B: Would you like anything on it?（他に何か入れましょうか）

A: Yes. Swiss cheese, lettuce, and spicy mustard.

(はい。スイスチーズとレタス、それから辛いマスタードを)

~

B: Okay. That'll be ready in about five minutes.

(かしこまりました。5分ほどかかります)

If you tell me your name, I will call you when it's ready.

(お名前伺えましたら、できたときにお呼びしますが)

A: Bob. (ボブです)

B: Would you like anything to drink with that, Bob?

(ボブさん、何かお飲み物は?)

A: Hmm... Do you serve iced coffee? (そうですねえ。アイスコーヒーはありますか?)

B: Yes, we do. How would you like it?

(はい、ございます。アイスコーヒーはどのようになさいますか?)

A: I'll have it black please. (ブラックでお願いします)

B: Okay. Would you like that to stay or to go?

(かしこまりました。こちらでお召し上がりですか、それともお持ち帰りでしょうか?)

A: I'll take it to go please. (持ち帰りでお願いします)

~

B: All right. Your total will be $11.65 (eleven sixty-five).

(承知しました。お代は11ドル65セントになります)

A: Great! Here you are and thank you. (はいどうぞ。ありがとう)

B: Here's your change. Thank you and have a nice day.

(こちらはお釣りでございます。ありがとうございます。良い1日を)

A: You too. See you again soon!

(あなたも良い1日を。また近いうちに!)

テスト7　綴りと発音のルール/リンキング/フレーズ

今回は綴りと発音のルールとリンキング、そしてフレーズの切り方の基本を学びました。ここで、**テスト⑦　綴りと発音のルール/リンキング/フレーズ**を受けてください。
テスト動画は slidemethod.com より無料で配信しています。

ここでプログラム修了です。お疲れさまでした！　これからどんな文章も、正しい笛、舌、天窓、声帯さえ思い出せれば、正しく滑らかな英語発音にすることができます。

最後の「実践編」はおまけの章です。ここでは、正しい発音を前もって準備しておくとっておきの方法をお教えします。(会社のプレゼン、自己紹介、恋人へのプロポーズ、ステーキハウスでサーロインステーキをオーダーするときなど…)

Chapter 6

実践編

「発音を完璧にする
スピーチ準備
4ステップ」

実践編｜正しい英語発音で語彙を増やす方法

Video PRACTICE

もう二度と、カタカナで英語を読まないことを、心に誓いましょう。過去にカタカナを通して覚えた英単語（もちろんたくさんありますね）のイメージは、英語のときだけは考えないようにします。まず、
発音記号を見たとたんに、音節の作るリズムをイメージします。

アップルパイは、アップルパイ　／　**apple pie は、**ǽpl̩ pάɪ です。

リズムは、　●●●●●●　　●・●　です。

この２つを混ぜないように、はっきり分けて認識します。引き出しの整理と同じで、脳に日本語の引き出しと英語の引き出しを別々に用意し、その仕分け方を徹底するのです。そのために、**単語は常に、音節で数えます。**

単語帳をまだ作っていない方は、p.130 を参考にして作りましょう。辞書を調べた瞬間に、正しい発音で 30 回言ってしまうのが、最も有効です。発音は頭で暗記せず、耳と口で覚えます。

それではここから、自己紹介文を使って、発音を完璧にするプロセス**「スピーチ準備プロセス１～４」**を練習しましょう。

これは、もともと病的にシャイだった私が、英語で電話をかけるのが怖かった時代に編み出した方法です。どんな文章にも応用できますし、このスピーチ準備プロセスを繰り返すうちに、実際に旅行中の英会話や海外赴任中に使いたい英単語やフレーズの１つひとつが、正しい英語発音に差し替わっていきます。それが似ている単語やフレーズにも適応され、口から自然にあふれてくるようになるのです。

シンプルですが、これこそが魔法です。頑張ってください。

スピーチ準備プロセス1～4

1）発音がわからない単語は辞書を使い、発音記号に変換する。（発音記号変換表 p.238 を参考に）

2）アクセントマークと音節箇所を確認する。

3）フレーズを切りたい場所に縦線を引く。

難しい箇所があれば、

4）発音記号の下に笛の形を書き、まずはゆるんだ笛のみの動きを練習する。笛の動きが滑らかになってから舌などの動きを加え、音にする。舌が固まったりあごが小刻みに動き出したりしてしまう場合は、スライド練習でゆるめる。

自己紹介を完璧に　オフィスパーティーにて

Video PRACTICE　Extra #14

A:　So, tell me about yourself.（えっと、自己紹介してもらってもいいかしら）

B:　Sure. Let's see...（はい！　何から話したらいいかな…）

I'm married.（結婚してます）

My wife's name is Yumi. She's not here, because she works the night shift.

（妻はゆみって言います。今日は夜勤で来られなかったんですけどね）

A:　That's too bad. What does she do?

（残念ね。夜勤って、どんなお仕事をしてらっしゃるの？）

B:　She's a doctor at Presbyterian Hospital.（プレスビテリアン病院の医者です）

＊ Presbyterian：長老派教会の

A:　I see. How long have you been married?（そう。結婚してどのくらい？）

B:　For ten years.（10 年です）

A:　Do you have kids?（お子さんは？）

B:　We have two; a seven-year-old boy and a five-year-old girl.

（2人います。7歳の男の子と、5歳の女の子です）

A:　Great! And tell me, how long have you been living in New York?

（いいわね。ニューヨークにはどのくらい住んでらっしゃるの？）

B:　For about seven years. Before that, we lived in Tokyo.

（7年ぐらいですね。その前は東京に住んでいました）

それでは、この会話文で、スピーチ準備プロセス1～4を練習していきましょう。

1）綴りを発音記号に変換

Sure. Let's see...
ʃʊɚ lets siː

2）アクセントマークと音節箇所

音節がどこにあるのか探し、アクセントマークの位置や意味合いを考えながら、その下に強弱の●●をつけてみます。（音節部分はピンク色にしました）

I'm married. My wife's name is Yumi.
ɑɪm mǽrid mɑɪ wɑɪfs neɪm ɪz júːmiː
• ●• • ● ● • ● •

どこを強く発音する？
「どのように音節の強弱を見分けるんですか？」とよく質問されます。

音節が２つ以上ある単語なら、辞書を見ればアクセントマークがついているので簡単ですが、単音節語にはアクセントマークがつきません。そんなとき、どのように見分けるのでしょうか。

私がここで、単音節語のI'mを弱く、myを弱く、wife'sは強く、nameは強く、isを弱くしたのは、「それぞれの単語が、話題の**フォーカスポイント**を動かしているか、つまり重要で、聞こえないと困る単語か」を考えた結果です。

まずI'mは弱くなっています。他の人の話題から自分の話題に移って「私の場合は」と比較している場合のみ、このような一人称の主語、Iが強調されます。
この場合は違う人と自分を比べていないので、I'mを強調しなかったのです。

ちなみに、自分を表すI / my / meを不必要に強調すると、自己中心的な話し方に聞こえてしまうことがあるので、注意しましょう。

実はIを強く言うスピーチパターンは、日本人に大変多く見受けられます。

例えばあなたは、I have a pen. をどのように読みますか？
Iとhave、どちらが目立って聞こえるでしょうか？

このような文では、特殊な場合を除き、Iよりもhaveのほうが重要ですから、Iを少し低く弱めに発音するほうが無難です。

話を戻します。同じ理由で、Myも弱くするべきでしょう。この場合私のwifeであることは当然だからです。

ではwifeはなぜ強くしたのでしょうか。話のフォーカスポイントが、私の話から「妻」に移ったためです。
そして、nameも強調されるのはなぜでしょうか？　その前にnameの話をしていないため、新しい情報だからです。
ではisが強調されない理由はどうでしょうか。Be動詞の肯定形を強調するのは一般的に、主張する必要性を感じるときです。
例えばこれが警察署で、「わかってんだよ。奥さんの名前は本当はYumiさんじゃないんだろう？」と尋問されるような場合なら、このisは強調されます。でもここでは誰も疑っていないので、弱くisと言うべきでしょう。

3）フレーズを切る箇所

次は、p.206でやったように、フレーズを切りたい場所に縦線を引いてみます。

She's a doctor at Presbyterian Hospital.

ʃiːz ə dɑ́ːktɚ | æt prèzbətɛ́ɚiən hɑ́ːspɪtl̩

切らずに言い切りたいほど短い文ですが、あえてどこかで切るとしたら、意味合いを考えると、縦線部分でしょうね。

She is a doctorで、人物のイメージが浮かびます。そしてat Presbyterian Hospitalで、今度は病院の外観や内装のイメージが浮かびます。その区切りで息を一瞬切ることで、より丁寧になります。

もしくは、この Presbyterian Hospital という病院名を引き立たせたい場合（例えば最近のニュースに出た話題の病院だった場合など）は、Presbyterian 直前に一息置くことも可能です。これも先ほど触れた、「キーワードの引き立て」(p.206) の一例です。

このように、フレーズ切りの主目的は 1 つだけ。「そこで切ると聞き手が理解しやすいから」です。あと 1 つあるとしたら、「息が続かないから」でしょうか。
それ以外の場所では、単語と単語は直接リンクさせるのが基本です。

4）笛をマークし、笛の動きを練習

次は、どうもうまく発音できない場合の練習です。発音記号ごとに、笛を書き込んでいきます。

例えば、For ten years がうまく言えない！という場合、

For ten years.
fɚ　　ten　　jɪɚz
▲▲　　▲▲▲　　▲▼▲♥
●　　●　　●

このように笛の形を書き込み、笛の動きを練習します。舌がうまく動かない原因の 99％は笛の無駄な動きが引き起こす「日本語連動筋」ですから、それを見つけてスライドで正せばよいのです。動画と一緒に練習しましょう。

テスト8～10　実践テスト　母音編/子音編/全音編

今回は、綴りと発音のルール、そしてリンキングやフレーズの切り方について学びました。これより実践テストを始めます。わからなくなっても、解答を確認すれば必ずわかるようになります。テスト動画は slidemethod.com より無料で配信しています。

筋ゆる先生の「スライドのもたらす英語の未来について」

これまで、英語の発音と日本語の発音は、舌の動きとか表面的な部分が違うものだと思ってきた人が多かったのではないでしょうか。私も、以前はそう思っていました。

ところが今回、私の解剖生理学と発音の運動学の専門分野からスライドメソッドの効果を3年間かけてじっくり分析・検証してみたところ、大発見がありました。

それは、コテコテの日本人が、普段の発声法から口の開け方の根本部分をちょっと変えるだけで、実は流暢な英語発音ができてしまうという、まさに驚きの事実でした。本当に画期的で確実な方法です。

だから私がこのスライドメソッドをあえて専門家目線から推薦することになったわけです。

将来の可能性としては、日本の英語教育を根底から覆すことになりそうです。私としても学術分野において多方面の団体や学会で発表していくつもりです。

また、医学的な見地から声帯の専門医も加えてさらに研究を重ねて、科学的なメソッドとして確立するように導いていきたいと思っております。

これを機に、日本人であるからこそできるネイティブのような英会話を「スライドメソッド」で身につけてください。

子音比較練習（二重母音を含む）

比較練習

Track 84

p	palm			b	beach			m	moon		
pain	peɪn	名	痛み	bay	beɪ	名	湾	May	meɪ	名	5月
pint	paɪnt	名	パイント	bind	baɪnd	動	縛る	mind	maɪnd	名	思考
point	pɔɪnt	名	先端	boy	bɔɪ	名	男の子	moist	mɔɪst	形	湿った
pole	poʊl	名	柱	both	boʊθ	形	両者の	mold	moʊld	名	型
power	páʊɚ	名	力	bow	baʊ	名	お辞儀	mount	maʊnt	動	登る
cope	koʊp	動	うまく処理する	lobe	loʊb	名	耳たぶ	roam	roʊm	動	ぶらつく
peer	pɪɚ	名	同僚	beer	bɪɚ	名	ビール	mere	mɪɚ	形	ほんの
pair	peɚ	名	一対	bear	beɚ	動	産む	Mary	méɚi	人名	メアリー
pour	pɔɚ	動	注ぐ	bore	bɔɚ	動	bear 過	more	mɔɚ	形	many 比較
park	pɑɚk	名	公園	bark	bɑɚk	動	ほえる	mark	mɑɚk	名	跡

比較練習

Track 85

t	talk			d	dance			n	now		
tame	teɪm	形	飼いならされた	date	deɪt	名	日付	nail	neɪl	名	つめ
tie	taɪ	動	結ぶ	die	daɪ	動	死ぬ	night	naɪt	名	夜
toe	toʊ	名	つま先	dough	doʊ	名	こね粉	no	noʊ	形	1つも…ない
towel	taʊl	名	タオル	doubt	daʊt	名	疑い	now	naʊ	副	今
ate	eɪt	動	eat過	aid	eɪd	動	助ける	lane	leɪn	名	小道
site	saɪt	名	敷地	side	saɪd	名	側面	sign	saɪn	名	符号
oat	oʊt	名	オート麦	owed	oʊd	動	owe過/過分	own	oʊn	形	自分の
tear	tɪɚ	名	涙	dear	dɪɚ	形	親愛な	near	nɪɚ	形	近い
tore	tɔɚ	動	tear過	door	dɔɚ	名	扉	norm	nɔɚm	名	標準的な状態
art	ɑɚt	名	芸術	lard	lɑɚd	名	ラード	yarn	jɑɚn	名	織り糸

比較練習

Track 86

k	car			g	girl		
Kate	keɪt	人名	ケイト	gate	geɪt	名	門
kind	kaɪnd	形	親切な	guide	gaɪd	動	案内する
cold	koʊld	形	寒い	ghost	goʊst	名	幽霊
count	kaʊnt	動	数える	gown	gaʊn	名	ガウン
take	teɪk	動	取る	vague	veɪg	形	漠然とした
oak	oʊk	名	オーク	vogue	voʊg	名	流行
core	kɔɚ	名	芯	Gore	gɔɚ	人名	ゴア
card	kɑɚd	名	カード	guard	gɑɚd	動	守る

比較練習

Track 87

f			fun	v			voice
fail	feɪl	動	落ちる	veil	veɪl	名	ベール
foil	fɔɪl	名	箔	void	vɔɪd	形	無効の
phone	foʊn	名	電話	vote	voʊt	名	投票
safe	seɪf	形	安全な	save	seɪv	動	救う
knife	naɪf	名	ナイフ	knives	naɪvz	名	knife 複
loaf	loʊf	名	(パンの) ひとかたまり	loaves	loʊvz	名	loaf 複
fear	fɪɚ	名	恐怖	veer	vɪɚ	動	方向を 変える
fare	feɚ	名	運賃	vary	véɚi	動	(色々に) 変える

比較練習

Track 88

p			palm	f			fun
pine	paɪn	名	松	fine	faɪn	形	素晴らしい
pose	poʊz	名	姿勢	photo	fóʊtoʊ	名	写真
pound	paʊnd	名	ポンド	found	faʊnd	動	find 過/過分
nope	noʊp	副	(口) いいえ	tofu	tóʊfuː	名	とうふ
appear	əpíɚ	動	現われる	fear	fɪɚ	名	恐怖
parent	péɚənt	名	親	fair	feɚ	形	公正な
pork	pɔɚk	名	豚肉	fork	fɔɚk	名	フォーク
par	pɑɚ	名	同等	far	fɑɚ	形	遠い

比較練習

Track 89

b		beach		v		voice	
bay	beɪ	名	湾	vague	veɪg	形	漠然とした
boat	boʊt	名	船	vote	voʊt	名	投票
bounce	baʊns	動	はずむ	vowel	váʊəl	名	母音
Abe	eɪb	人名	エイブ	Dave	deɪv	人名	デイブ
robe	roʊb	名	ローブ	rove	roʊv	動	うろつく
beer	bɪɚ	名	ビール	veer	vɪɚ	動	方向を変える
bare	beɚ	形	裸の	vary	véɚi	動	(色々に)変える

比較練習

Track 90

d		dance		ð		the	
day	deɪ	名	日	they	ðeɪ	代名	彼らは
dye	daɪ	動	染める	thy	ðaɪ	古	汝の
dough	doʊ	名	こね粉	though	ðoʊ	接	…だけれど
down	daʊn	副	下へ	thou	ðaʊ	古	汝は
dare	deɚ	助動	あえて…する	there	ðeɚ	副	そこに

比較練習

Track 91

z		zoo		ð		the	
phase	feɪz	名	段階	bathe	beɪð	動	入浴する
zany	zéɪni	形	おどけた	they	ðeɪ	代名	彼らは
zodiac	zóʊdiæ̀k	名	(天文)黄道帯	though	ðoʊ	接	…だけれど
lousy	láʊzi	形	不潔な	mouthy	máʊði	形	おしゃべりの

比較練習 Track 92

s		sigh		z		zoo	
ace	eɪs	名	エース	pays	peɪz	動	pay 三単現
ice	ɑɪs	名	氷	eyes	ɑɪz	名	eye 複
roast	roʊst	動	肉などをローストする	rose	roʊz	名	バラ
oust	ɑʊst	動	追い出す	cows	kɑʊz	名	cow 複

比較練習 Track 93

s		sigh		ʃ		shut	
say	seɪ	動	言う	shake	ʃeɪk	動	振る
sigh	sɑɪ	名	溜息	shy	ʃɑɪ	形	内気な
sew	soʊ	動	縫う	show	ʃoʊ	動	見せる
south	sɑʊθ	名	南	shower	ʃɑ́ʊɚ	名	シャワー
sear	sɪɚ	動	焼く	sheer	ʃɪɚ	形	本当の
sore	sɔɚ	形	痛い	shore	ʃɔɚ	名	岸

比較練習 Track 94

f		fun		h		horse		頭に子音なし			
fake	feɪk	形	偽の	hay	heɪ	名	干し草	A	eɪ	名	A
fight	fɑɪt	動	戦う	height	hɑɪt	名	高さ	I	ɑɪ	名	I
folk	foʊk	名	人々	hokey	hóʊki	形	でっちあげの	oak	oʊk	名	オーク
found	fɑʊnd	動	find 過/過分	how	hɑʊ	副	どんなふうに	owl	ɑʊl	名	梟
fear	fɪɚ	名	恐怖	here	hɪɚ	副	ここに	ear	ɪɚ	名	耳
fare	feɚ	名	運賃	hair	heɚ	名	髪	air	eɚ	名	空気
four	fɔɚ	名	4	horse	hɔɚs	名	馬	or	ɔɚ	接	または
far	fɑɚ	形	遠い	heart	hɑɚt	名	心	art	ɑɚt	名	芸術

比較練習

Track 95

w	wave			v	voice			r	red		
way	weɪ	名	方法	vague	veɪg	形	漠然とした	ray	reɪ	名	光線
why	wɑɪ	副	なぜ	via	vάɪə	前	…経由で	rice	rɑɪs	名	米
whoa	woʊ	間投	どうどう	vote	voʊt	名	投票	row	roʊ	名	列
wow	wɑʊ	間投	うわー！	vow	vɑʊ	名	誓い	round	rɑʊnd	形	丸い
we're	wɪɚ	短縮	we are	veer	vɪɚ	動	方向を変える	rear	rɪɚ	名	後ろ
where	weɚ	副	どこに	vary	véɚi	動	(色々)に変える	rare	reɚ	形	まれな

比較練習

Track 96

j	year			頭に子音なし			
yay	jeɪ	間投	いえ〜い	A	eɪ	名	A
yolk	joʊk	名	卵黄	oak	oʊk	名	オーク
year	jɪɚ	名	年	ear	ɪɚ	名	耳
yard	jɑɚd	名	庭	art	ɑɚt	名	芸術

比較練習

Track 97

r	red			d	dance			l	look		
ray	reɪ	名	光線	day	deɪ	名	日	lay	leɪ	動	置く
rye	rɑɪ	名	ライ麦	die	dɑɪ	動	死ぬ	lie	lɑɪ	動	嘘をつく
Roy	rɔɪ	人名	ロイ	doily	dɔ́ɪli	名	ドイリー	alloy	ǽlɔɪ	名	合金
row	roʊ	名	列	dough	doʊ	名	こね粉	low	loʊ	形	低い
round	rɑʊnd	形	丸い	down	dɑʊn	副	下へ	loud	lɑʊd	形	大声の
rear	rɪɚ	名	後ろ	dear	dɪɚ	形	親愛な	leer	lɪɚ	動	横目でにらむ
rare	reɚ	形	まれな	dare	deɚ	助動	あえて…する	lair	leɚ	名	穴
roar	rɔɚ	動	吠える	door	dɔɚ	名	扉	lore	lɔɚ	名	学問

比較練習 Track 98

tʃ		chair		ʃ		shut	
chain	tʃeɪn	名	鎖	shame	ʃeɪm	名	恥
chai	tʃaɪ	名	チャイ	shy	ʃaɪ	形	内気な
choke	tʃoʊk	動	窒息させる	show	ʃoʊ	動	見せる
chow	tʃaʊ	名	食物	shower	ʃáʊɚ	名	シャワー
cheer	tʃɪɚ	名	かっさい	sheer	ʃɪɚ	形	本当の
chair	tʃeɚ	名	椅子	share	ʃeɚ	名	分け前
chore	tʃɔɚ	名	雑用	shore	ʃɔɚ	名	岸
chart	tʃɑɚt	名	表	shark	ʃɑɚk	名	サメ

比較練習 Track 99

tʃ		chair		dʒ		joke	
change	tʃeɪndʒ	名	変化	jade	dʒeɪd	名	ひすい
H	eɪtʃ	名	H	age	eɪdʒ	名	年齢
child	tʃaɪld	名	子ども	giant	dʒáɪənt	名	巨人
choice	tʃɔɪs	名	選択	joy	dʒɔɪ	名	喜び
chose	tʃoʊz	動	choose 過	joke	dʒoʊk	名	冗談
cheer	tʃɪɚ	名	かっさい	jeer	dʒɪɚ	動	やじる
Charles	tʃɑ́ɚlz	人名	チャールズ	jar	dʒɑɚ	名	つぼ

日常必須単語の発音

Monday	mʌ́ndeɪ
Tuesday	tú:zdeɪ
Wednesday	wénzdeɪ
Thursday	θɚ́:zdeɪ
Friday	fráɪdeɪ
Saturday	sǽtɚdeɪ
Sunday	sʌ́ndeɪ

January	dʒǽnjəwèɚi
February	fébjəwèɚi
March	mɑɚtʃ
April	éɪprəl
May	meɪ
June	dʒu:n
July	dʒʊláɪ
August	ɔ́:gəst
September	səptémbɚ
October	ɑ:któʊbɚ
November	noʊvémbɚ
December	dəsémbɚ

one	wʌn
two	tuː
three	θriː
four	fɔɚ
five	fɑ͜ɪv
six	sɪks
seven	sévən
eight	e͜ɪt
nine	nɑ͜ɪn
ten	ten
eleven	ɪlévən
twelve	twelv
thirteen	θɚtíːn
fourteen	fɔɚtíːn
fifteen	fɪftíːn

first	fɚːst
second	sékənd
third	θɚːd
fourth	fɔɚθ
fifth	fɪfθ
sixth	sɪksθ
seventh	sévənθ
eighth	e͜ɪθ
ninth	nɑ͜ɪnθ
tenth	tenθ
eleventh	ɪlévənθ
twelfth	twelfθ

A	e͜ɪ
B	biː
C	siː
D	diː
E	iː
F	ef
G	ʤiː
H	e͜ɪtʃ
I	ɑ͜ɪ
J	ʤe͜ɪ
K	ke͜ɪ
L	el
M	em
N	en
O	o͜ʊ
P	piː
Q	kjuː
R	ɑ͜ɚ
S	es
T	tiː
U	juː
V	viː
W	dʌbl̩juː
X	eks
Y	wɑ͜ɪ
Z	ziː

ニューヨークのコーヒーショップのメニュー

Video EXTRA　Extra #15

ニューヨークのコーヒーショップのドリンクメニューの一部を練習してみましょう。綴りをご覧いただければわかりますが、これはもともとイタリア語です。それをアメリカ英語読みしたものが、アメリカの会話では使われています。日本のコーヒーショップではカタカナ発音でエスプレッソと読むのと同様です。

Caffè Americano	kǽfeɪ əmɛ́ɚəkɑ́ːnoʊ
Caffè Latte	kǽfeɪ lɑ́ːteɪ
Caffè Mocha	kǽfeɪ móʊkə
Cappuccino	kæ̀pətʃíːnoʊ
Caramel Macchiato	kɛ́ɚəml̩ mɑ̀ːkiɑ́ːtoʊ
Espresso	əsprésoʊ
Espresso Macchiato	əsprésoʊ mɑ̀ːkiɑ́ːtoʊ
Iced Caffè Americano	ɑɪst kǽfeɪ əmɛ́ɚəkɑ́ːnoʊ
Iced Vanilla Latte	ɑɪst vənílə lɑ́ːteɪ

SIZES

Tall	tɔl
Grande	grɑ́ːndeɪ
Venti	vénti

アメリカでドリンクをオーダーするときに、すんなり通じたらどんなに気分が良いでしょうか…。これは日本人だけでなく、在米外国人の多くが感じている関門のようです。

ちなみに日本語を学ぶアメリカ人に聞いたところ、日本滞在中に特に苦労する単語は、「ホットコーヒー」だそうです。これを英語発音でhot coffeeと言っても通じなかったそうで、カタカナ発音の「ホットコーヒー」を練習していました。どの国でも外国人は四苦八苦し、豊かな人生経験を積んでいるのですね。

各音の例文

各音のセクションにあった例文の全単語に発音記号をつけてみました。

音節の強弱リズムは、どの単語を意図的に強調するかで変わってくる場合もありますが、まずはこのバージョンで練習してみましょう。

My husband and son must be stuck in the subway station just ahead of us.
mɑɪ hʌ́zbənd ænd sʌn mʌst biː stʌk ɪn ðə sʌ́bweɪ stéɪʃən ʤʌst əhéd əv ʌs

I heard that the birds were surprised by Curt's verbal performance in the church.
ɑɪ hɚːd ðæt ðə bɚːdz wɚ sɚprɑ́ɪzd bɑɪ kɚːts vɚ́ːbl̩ pɚfɔ́ɚməns ɪn ðə tʃɚːtʃ

Is it true that two new students from a university in Peru flew to New York in June?
ɪz ɪt truː ðæt tuː nuː stúːdənts frəm ə jùːnəvɚ́ːsəti ɪn pərúː fluː tuː nuː jɔ́ɚk ɪn ʤuːn

We are still full, but would you look for a good pudding recipe in a cookbook?
wiː ɚ stɪl fʊl bət wʊd juː lʊk fɚ ə gʊd pʊ́dɪŋ résəpi ɪn ə kʊ́kbʊ̀k

Paul brought a drawing from Austria, and offered it to a law office for its auction.
pɔːl brɔːt ə drɔ́ːɪŋ frəm ɔ́ːstriə ænd ɔ́ːfɚd ɪt tuː ə lɔː ɔ́ːfɪs fɚ ɪts ɔ́ːkʃən

Rhonda's policy to not get involved in politics was the opposite of her father's.
rɑ́ːndəz pɑ́ːləsi tuː nɑːt get ɪnvɑ́ːlvd ɪn pɑ́ːlətɪks wɑːz ðiː ɑ́ːpəzɪt əv hɚ fɑ́ːðɚz

You see? There are twenty teachers on the ferry eating Indian curry in a hurry.
juː siː ðeɚ ɚ twénti tíːtʃɚz ɑːn ðə féri íːtɪŋ índiən kʌ́ri ɪn ə hʌ́ri

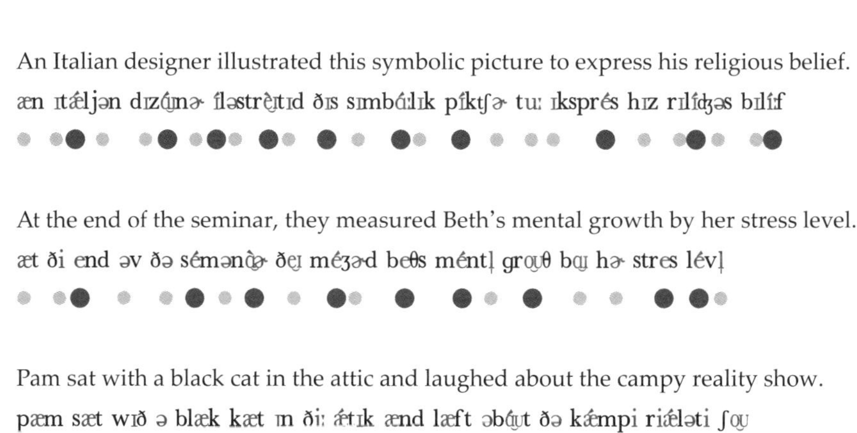

An Italian designer illustrated this symbolic picture to express his religious belief.
æn ɪtǽljən dɪzáɪnɚ íləstrèɪtɪd ðɪs sɪmbálɪk píktʃɚ tuː ɪksprés hɪz rɪlídʒəs bɪlíf

At the end of the seminar, they measured Beth's mental growth by her stress level.
æt ði end əv ðə sémənàɚ ðeɪ méʒɚd beθs méntl̩ groʊθ baɪ hɚ stres lévl̩

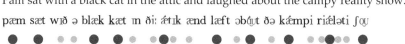

Pam sat with a black cat in the attic and laughed about the campy reality show.
pæm sæt wɪð ə blæk kæt ɪn ðiː ǽtɪk ænd læft əbáʊt ðə kǽmpi riǽləti ʃoʊ

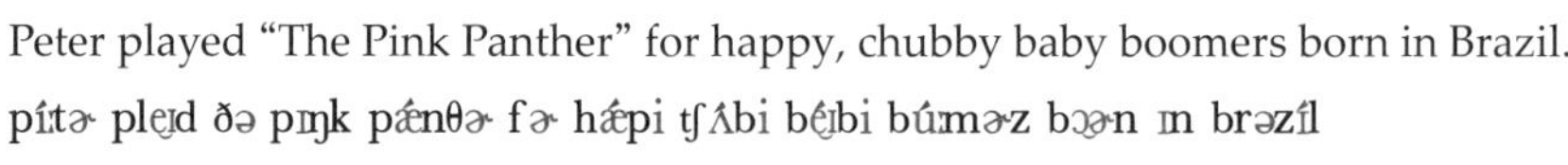

Peter played "The Pink Panther" for happy, chubby baby boomers born in Brazil.
píːtɚ pleɪd ðə pɪŋk pǽnθɚ fɚ hǽpi tʃʌbi béɪbi búːmɚz bɔɚn ɪn brəzíl

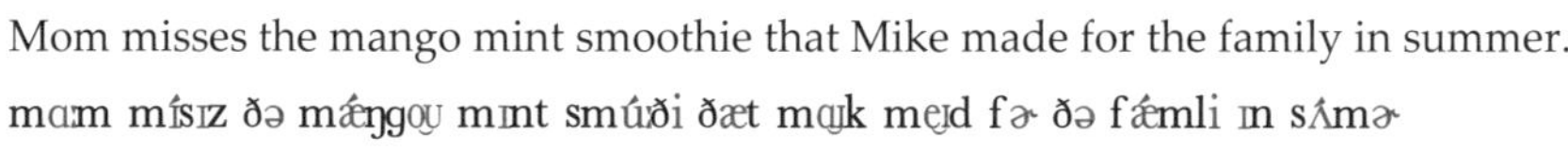

Mom misses the mango mint smoothie that Mike made for the family in summer.
mɑːm mísɪz ðə mǽŋgoʊ mɪnt smúːði ðæt maɪk meɪd fɚ ðə fǽmli ɪn sʌ́mɚ

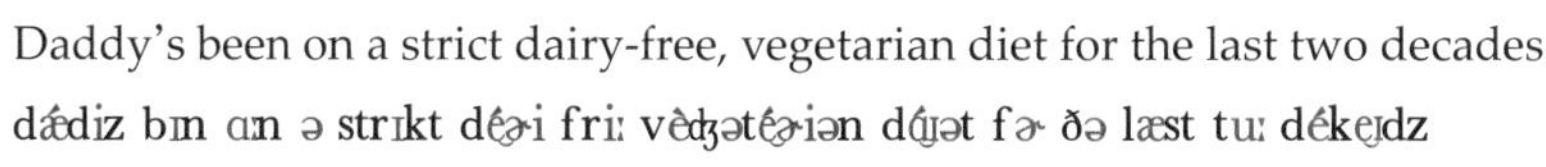

Daddy's been on a strict dairy-free, vegetarian diet for the last two decades.
dǽdiz bɪn ɑːn ə strɪkt déɚi friː vèdʒətéɚiən dáɪət fɚ ðə læst tuː dékeɪdz

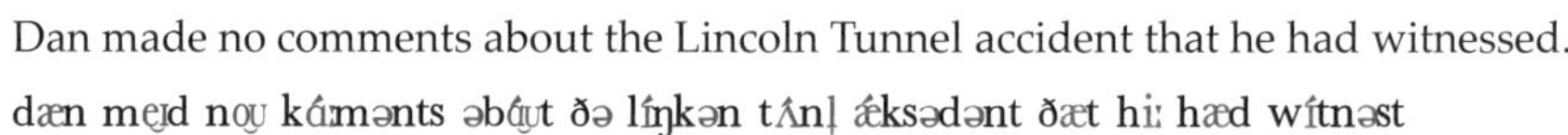

Dan made no comments about the Lincoln Tunnel accident that he had witnessed.
dæn meɪd noʊ kɑ́ːmənts əbáʊt ðə líŋkən tʌ́nl̩ ǽksədənt ðæt hiː hæd wítnəst

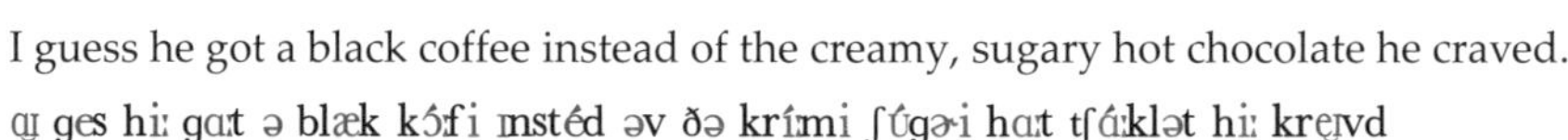

I guess he got a black coffee instead of the creamy, sugary hot chocolate he craved.
aɪ ges hiː gɑːt ə blæk kɔ́ːfi ɪnstéd əv ðə kríːmi ʃúgɚi hɑːt tʃɑ́ːklət hiː kreɪvd

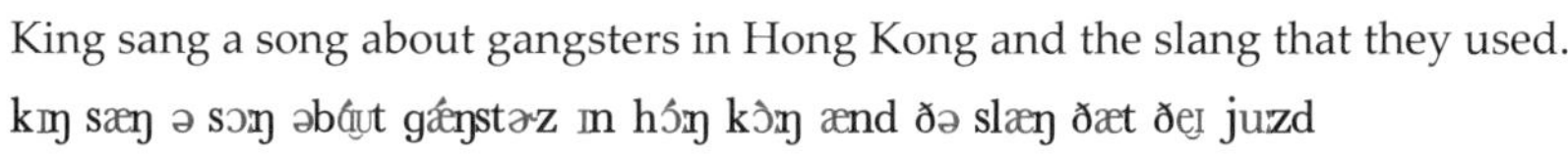

King sang a song about gangsters in Hong Kong and the slang that they used.
kɪŋ sæŋ ə sɔːŋ əbáʊt gǽŋstɚz ɪn hɔ́ːŋ kɔ̀ːŋ ænd ðə slæŋ ðæt ðeɪ juːzd

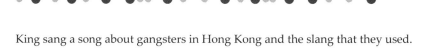

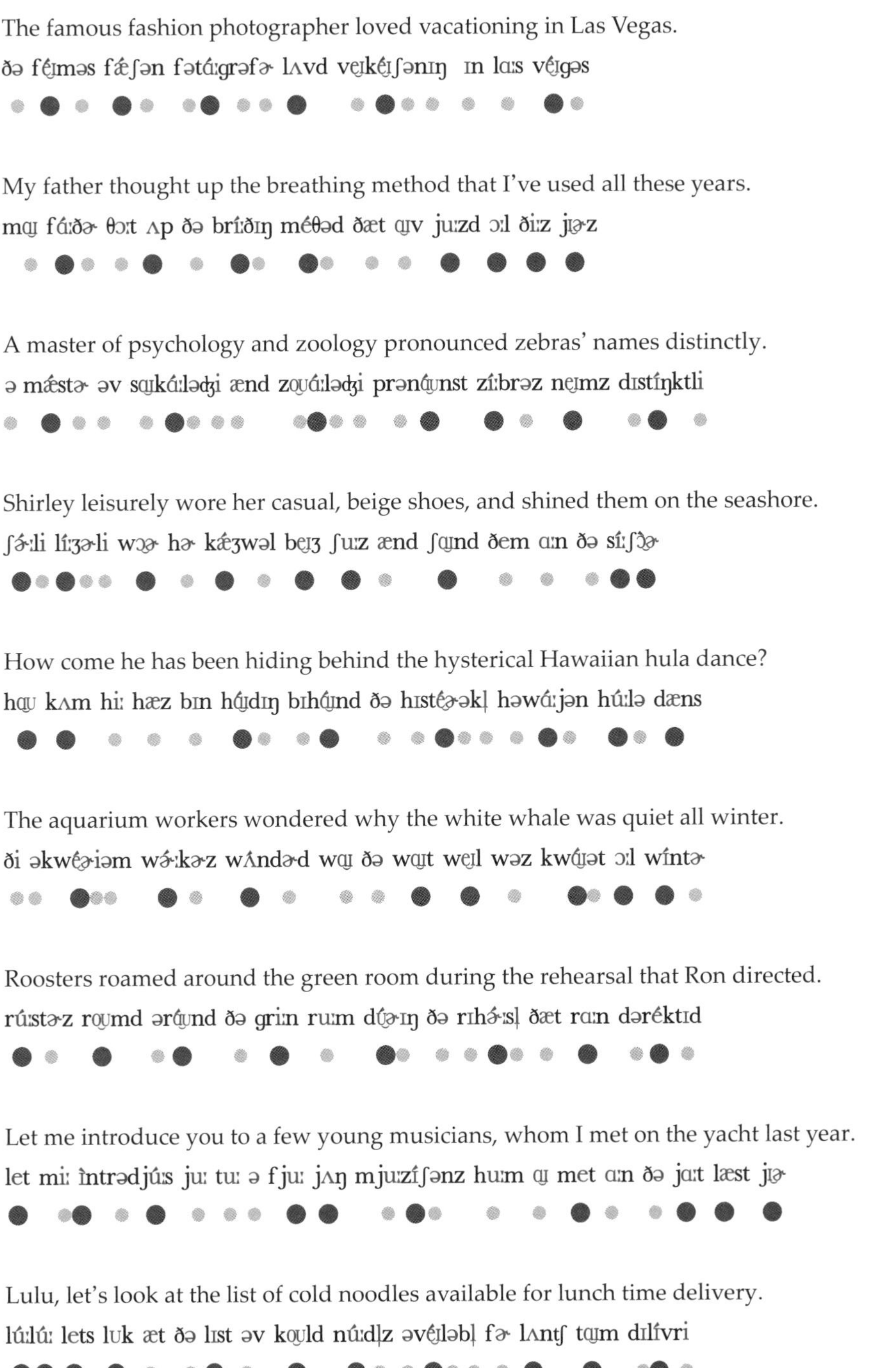

The famous fashion photographer loved vacationing in Las Vegas.

ðə féɪməs fǽʃən fətɑ́ːgrəfɚ lʌvd veɪkéɪʃənɪŋ ɪn lɑːs véɪgəs

My father thought up the breathing method that I've used all these years.

maɪ fɑ́ːðɚ θɔːt ʌp ðə bríːðɪŋ méθəd ðæt aɪv juːzd ɔːl ðiːz jɪɚz

A master of psychology and zoology pronounced zebras' names distinctly.

ə mǽstɚ əv saɪkɑ́ːləʤi ænd zoʊɑ́ːləʤi prənáʊnst zíːbrəz neɪmz dɪstíŋktli

Shirley leisurely wore her casual, beige shoes, and shined them on the seashore.

ʃɚ́ːli líːʒɚli wɔɚ hɚ kǽʒwəl beɪʒ ʃuːz ænd ʃaɪnd ðem ɑːn ðə síːʃɔɚ

How come he has been hiding behind the hysterical Hawaiian hula dance?

haʊ kʌm hiː hæz bɪn háɪdɪŋ bɪháɪnd ðə hɪstéɚəkl̩ həwɑ́ːjən húːlə dæns

The aquarium workers wondered why the white whale was quiet all winter.

ði əkwéɚiəm wɚ́ːkɚz wʌ́ndɚd waɪ ðə waɪt weɪl wəz kwáɪət ɔːl wíntɚ

Roosters roamed around the green room during the rehearsal that Ron directed.

rúːstɚz roʊmd əráʊnd ðə griːn ruːm dʊ́ɚɪŋ ðə rɪhɚ́ːsl̩ ðæt rɑːn dəréktɪd

Let me introduce you to a few young musicians, whom I met on the yacht last year.

let miː ìntrədjúːs juː tuː ə fjuː jʌŋ mjuːzíʃənz huːm aɪ met ɑːn ðə jɑːt læst jɪɚ

Lulu, let's look at the list of cold noodles available for lunch time delivery.

lúːlúː lets lʊk æt ðə lɪst əv koʊld núːdl̩z əvéɪləbl̩ fɚ lʌntʃ taɪm dɪlívri

He chose a chatty chimp, and a mischievous cheetah, to chant in a ritual in China.

hiː tʃoʊz ə tʃǽti tʃɪmp ænd ə místʃəvəs tʃíːtə tuː tʃænt ɪn ə rítʃəwəl ɪn tʃáɪnə

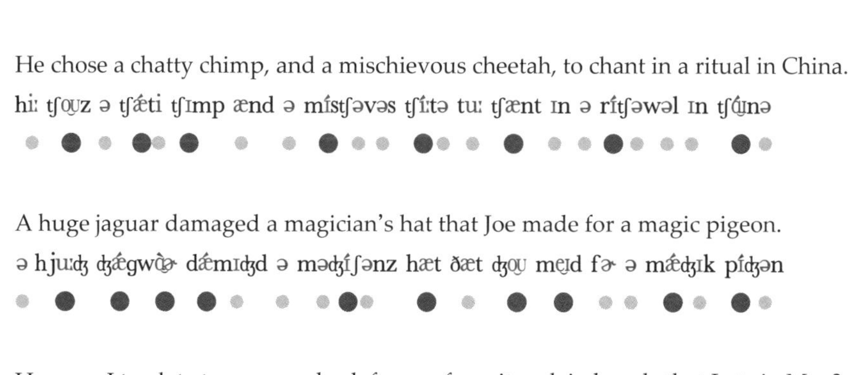

A huge jaguar damaged a magician's hat that Joe made for a magic pigeon.

ə hjuːdʒ dʒǽgwɑɚ dǽmɪdʒd ə mədʒíʃənz hæt ðæt dʒoʊ meɪd fɚ ə mǽdʒɪk pídʒən

Hey, am I too late to pay you back for my favorite, plain bagels that I ate in May?

heɪ æm aɪ tuː leɪt tuː peɪ juː bæk fɚ maɪ féɪvrət pleɪn béɪglz ðæt aɪ eɪt ɪn meɪ

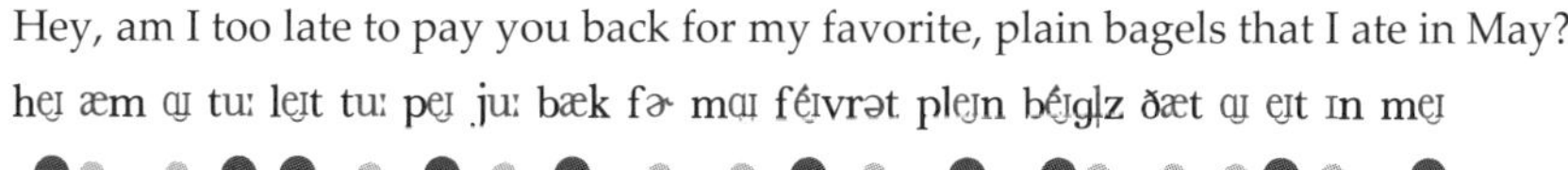

I'm dying to find out the reason why I like Thai rice twice as much as sushi rice.

aɪm dáɪɪŋ tuː faɪnd aʊt ðə ríːzn waɪ aɪ laɪk taɪ raɪs twaɪs æz mʌtʃ æz súːʃi raɪs

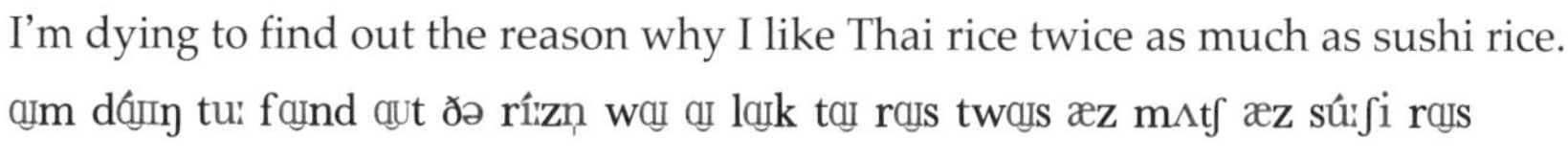

Annoying boys pointed at alloy, toy coins floating with a doily in oily soy sauce.

ənɔ́ɪɪŋ bɔɪz pɔ́ɪntɪd æt ǽlɔɪ tɔɪ kɔɪnz flóʊtɪŋ wɪð ə dɔ́ɪli ɪn ɔ́ɪli sɔɪ sɔːs

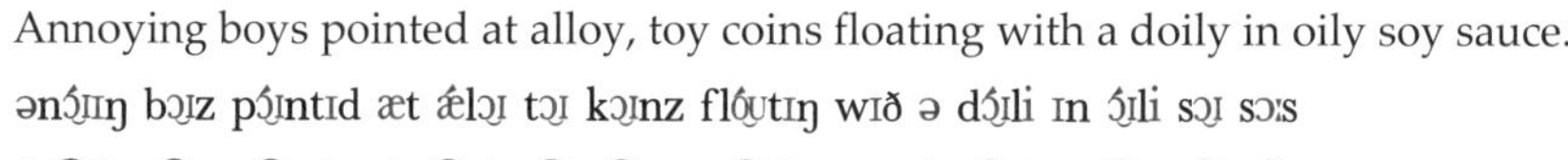

No, don't buy whole milk yogurt. Only homemade ones are probiotic, you know.

noʊ doʊnt baɪ hoʊl mɪlk jóʊgɚt óʊnli hóʊmméɪd wənz ɚ proʊbaɪɑ́ːtɪk juː noʊ

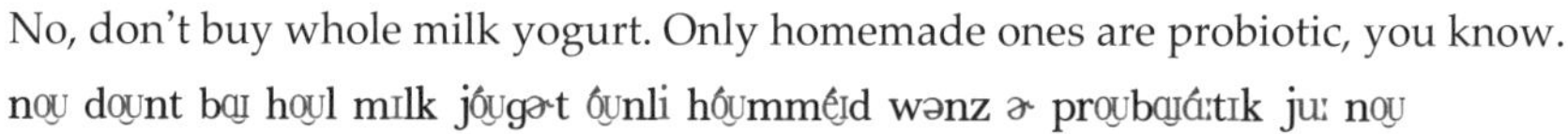

In an hour, the accountant found an ounce of powder around the brown couch.

ɪn æn áʊɚ ði əkáʊntənt faʊnd æn aʊns əv páʊdɚ əráʊnd ðə braʊn kaʊtʃ

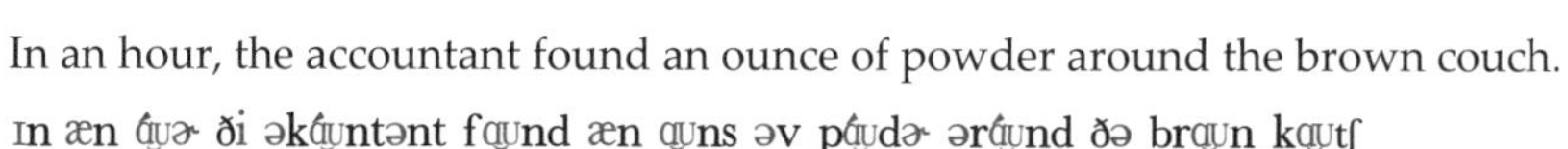

We're in tears, hearing the weird cheers of our peers coming from the rear door.

wɪɚ ɪn tɪɚz hɪ́ɚɪŋ ðə wɪɚd tʃɪɚz əv aʊɚ pɪɚz kʌ́mɪŋ frəm ðə rɪɚ dɔɚ

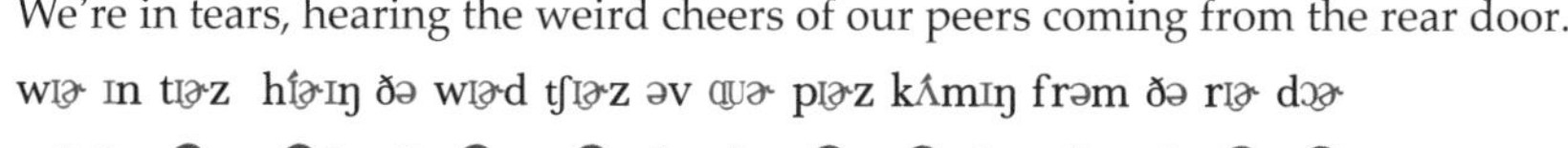

How dare you share my hair spray with various, hairy barbarians in the library!

haʊ deɚ juː ʃeɚ maɪ heɚ spreɪ wɪð véɚiəs héɚi bɑɚbéɚiənz ɪn ðə láɪbrèɚi

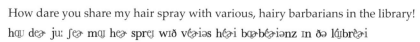

During the tour, your maturity and endurance surely cured the poor in the moor.

dʊ́ɚɪŋ ðə tʊɚ jʊɚ mətʃʊ́ɚəti ænd ɪndʊ́ɚəns ʃʊ́ɚli kjʊɚd ðə pʊɚ ɪn ðə mʊɚ

The extraordinary horn player never opened the door when he heard a roar.

ði ɪkstrɔ́ɚdənèɚi hɔɚn pléɪɚ névɚ óʊpənd ðə dɔɚ wen hiː hɚːd ə rɔɚ

At the barbecue party, the artist carved a heart in a cart in the backyard barn.

æt ðə bɑ́ɚbɪkjuː pɑ́ɚti ði ɑ́ɚtɪst kɑɚvd ə hɑɚt ɪn ə kɑɚt ɪn ðə bǽkjɑ̀ɚd bɑɚn

発音記号変換表

	辞書名	EDITION / URL
※	スライドメソッド	本書
1	ジーニアス英和辞典	5th Edition
2	オーレックス英和辞典	2nd Edition
3	グランドセンチュリー英和辞典	4th Edition
4	Merriam-Webster Online US 英英辞典	https://www.merriam-webster.com/
5	Oxford Learner's Dictionaries 英英辞典US版	https://www.oxfordlearnersdictionaries.com/us/
6	Longman Online Dictionary 英英辞典US発音	https://www.ldoceonline.com/
7	Cambridge Dictionaries Online 英英辞典US版	https://dictionary.cambridge.org/us/

	up	above	bird	percent	hoop	cook	hawk	hot	eat	honey	it	egg	act
※	ʌ	ə	ɚː	ɚ	uː	ʊ	ɔː	ɑː	iː	i	ɪ	e	æ
1	ʌ	ə	əːr	ə˞	uː	ʊ	ɔː	ɑː	iː	i	ɪ	e	æ
2	ʌ	ə	əːr	ə˞	uː	ʊ	ɔː	ɑː	iː	i	ɪ	e	æ
3	ʌ	ə	ə˞ː	ə˞	uː	ʊ	ɔː	ɑː	iː	i	ɪ	e	æ
4	ə	ə	ər	ər	ü	u̇	ȯ	ä	ē	ē	i	e	a
5	ʌ	ə	ər	ər	u	ʊ	ɔ	ɑ	i	i	ɪ	ɛ	æ
6	ʌ	ə	ɜːr	ər	uː	ʊ	ɒː	ɑː	iː	i	ɪ	e	æ
7	ʌ	ə	ɜr	ər	u	ʊ	ɔ	ɑ	i	i	ɪ	e	æ

	aid	ice	toy	home	how	cheer	hair	sure	more	heart
※	e͜ɪ	ɑ͜ɪ	ɔ͜ɪ	o͜ʊ	ɑ͜ʊ	ɪ͜ɚ	e͜ɚ	ʊ͜ɚ	ɔ͜ɚ	ɑ͜ɚ
1	eɪ	aɪ	ɔɪ	oʊ	ɑʊ	ɪər	eər	ʊər	ɔːɚ	ɑːɚ
2	eɪ	aɪ	ɔɪ	oʊ	ɑʊ	ɪər	eər	ʊər	ɔːɚ	ɑːɚ
3	eɪ	aɪ	ɔɪ	oʊ	ɑʊ	ɪɚ	eɚ	ʊɚ	ɔɚ	ɑɚ
4	ā	ī	ȯi	ō	au̇	ir	er	u̇r	ȯr	är
5	eɪ	aɪ	ɔɪ	oʊ	ɑʊ	ɪr	ɛr	ʊr	ɔr	ɑr
6	eɪ	aɪ	ɔɪ	oʊ	ɑʊ	ɪr	er	ʊr	ɔːr	ɑːr
7	eɪ	aɪ	ɔɪ	oʊ	ɑʊ	ɪər	eər	ʊər	ɔr	ɑr

	palm	beach	moon	talk	dance	now	car	girl	sing	fun	voice	thank	the
※	**p**	**b**	**m**	**t**	**d**	**n**	**k**	**g**	**ŋ**	**f**	**v**	**θ**	**ð**
1	p	b	m	t	d	n	k	g	ŋ	f	v	θ	ð
2	p	b	m	t	d	n	k	g	ŋ	f	v	θ	ð
3	p	b	m	t	d	n	k	g	ŋ	f	v	θ	ð
4	p	b	m	t	d	n	k	g	ŋ	f	v	th	th
5	p	b	m	t	d	n	k	g	ŋ	f	v	θ	ð
6	p	b	m	t	d	n	k	g	ŋ	f	v	θ	ð
7	p	b	m	t	d	n	k	g	ŋ	f	v	θ	ð

	sigh	zoo	shut	rouge	horse	wave	red	year	look	chair	joke
※	**s**	**z**	**ʃ**	**ʒ**	**h**	**w**	**r**	**j**	**l**	**tʃ**	**ʤ**
1	s	z	ʃ	ʒ	h	w	r	j	l	tʃ	dʒ
2	s	z	ʃ	ʒ	h	w	r	j	l	tʃ	dʒ
3	s	z	ʃ	ʒ	h	w	r	j	l	tʃ	dʒ
4	s	z	sh	zh	h	w	r	y	l	ch	j
5	s	z	ʃ	ʒ	h	w	r	y	l	tʃ	dʒ
6	s	z	ʃ	ʒ	h	w	r	y	l	tʃ	dʒ
7	s	z	ʃ	ʒ	h	w	r	j	l	tʃ	dʒ

注：オンライン辞書各種は、出版時の調査結果になります。更新され発音記号が変わる可能性もあります。また、デバイスや検索の手順によって、同じ辞書でも表示が変わることもあります。

全発音記号表

IPA	代表単語	IPA	代表単語	1→2	IPA	代表単語	IPA	代表単語
ʌ ə	up/above	eɪ	aid	e→i	p b	palm/ beach	h	horse
ɚː ɚ	bird/ percent	ɑɪ	ice	ɑ→ɪ	m	moon	w	wave
uː	hoop	ɔɪ	toy	ɔ→ɪ	t d	talk/dance	r	red
ʊ	cook	oʊ	home	ʊ→u	n	now	j	year
ɔː	hawk	ɑʊ	how	ɑ→ʊ	k g	car/girl	l	look
ɑː	hot	ɪɚ	cheer	i→ɚ	ŋ	sing	tʃ	chair
iː i	eat/honey	eɚ	hair	e→ɚ	f v	fun/voice	ʤ	joke
ɪ	it	ʊɚ	sure	ʊ→ɚ	θ ð	thank/the		
e	egg	ɔɚ	more	ɔ→ɚ	s z	sigh/zoo		
æ	act	ɑɚ	heart	ɑ→ɚ	ʃ ʒ	shut/rouge		

持ち歩き用　全発音記号表

母音

	代単	型	笛	舌
ʌ	up	1	▲	自然舌
ə	above			
ɚː	bird	2	▲	R舌
ɚ	percent			
uː	hoop	3	◎	自然舌
ʊ	cook	4	▲深めヤ	自然舌
ɔː	hawk	5	▲深いヤ	自然舌
ɑː	hot	6	▲深い	自・フ
iː	eat	7	▼	ハム大
i	honey			
ɪ	it	8	▼	ハム小
e	egg	9	▲深め	横広滑
æ	act	10	▼深い	セーフ
eɪ	aid	9⇒7		
ɑɪ	ice	6⇒8		
ɔɪ	toy	5⇒8		
oʊ	home	4⇒3		
ɑʊ	how	6⇒4		
ɪɚ	cheer	7⇒2		
eɚ	hair	9⇒2		
ʊɚ	sure	4⇒2		
ɔɚ	more	5⇒2		
ɑɚ	heart	6⇒2		

子音

	代単	型	笛	舌	窓	声	種
p	palm	11	●	自然舌	閉	無	破裂
b	beach	12				有	
m	moon	13			開	有	鼻
t	talk	14	▲	垂れ幕	閉	無	破裂
d	dance	15				有	
n	now	16			開	有	鼻
k	car	17	▲	縦長滑	閉	無	破裂
g	girl	18				有	
ŋ	sing	19			開	有	鼻
f	fun	20	▲ス	自然舌	閉	無	摩擦
v	voice	21				有	
θ	thank	22	▲	回覧板	閉	無	
ð	the	23				有	
s	sigh	24	♥	小穴	閉	無	
z	zoo	25				有	
ʃ	shut	26	♥	中穴	閉	無	
ʒ	rouge	27				有	
h	horse	28	▲	自然舌	閉	無	
w	wave	3	◎	自然舌	閉	有	滑
r	red	2	▲	R舌	閉	有	
j	year	29	▲	ハム大	閉	有	
l	look	30	▲	L舌	閉	有	側
tʃ	chair	14 ⇒ 26				無	破擦
dʒ	joke	15 ⇒ 27				有	

イラストつき　全発音記号表（母音）

	代表単語	型			型			
					笛	舌	窓	声
ʌ	up	1		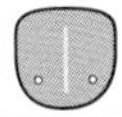	三角笛	自然舌	閉	有声
ə	above							
əː	bird	2		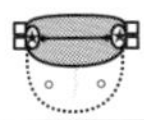	三角笛	R舌		
ə	percent							
uː	hoop	3		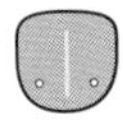	ドーナツ笛	自然舌		
ʊ	cook	4		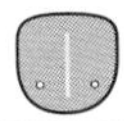	三角笛・深め・ヤンキー系	自然舌		
ɔː	hawk	5		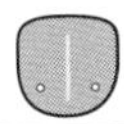	三角笛・深い・ヤンキー系	自然舌		
ɑː	hot	6	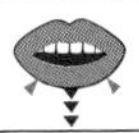		三角笛・深い	自然舌・フラット		
iː	eat	7			笑い笛	舌ハム大		
i	honey							
ɪ	it	8		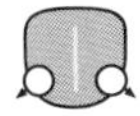	笑い笛	舌ハム小		
e	egg	9		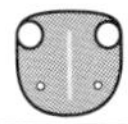	三角笛・深め	横広滑り台		
æ	act	10	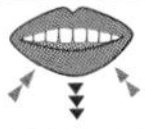		笑い笛・深い	セーフ		
eɪ	aid	9⇒7						
ɑɪ	ice	6⇒8						
ɔɪ	toy	5⇒8						
oʊ	home	4⇒3						
ɑʊ	how	6⇒4						
ɪə	cheer	7⇒2						
eə	hair	9⇒2						
ʊə	sure	4⇒2						
ɔə	more	5⇒2						
ɑə	heart	6⇒2						

イラストつき　全発音記号表（子音）

	代表単語	型			型				
					笛	舌	窓	声	種類
p	palm	11			巾チャック笛	自然舌	閉	無	破裂音
b	beach	12						有	
m	moon	13					開	有	鼻音
t	talk	14		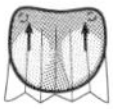	三角笛	垂れ幕	閉	無	破裂音
d	dance	15						有	
n	now	16					開	有	鼻音
k	car	17			三角笛	縦長 滑り台	閉	無	破裂音
g	girl	18						有	
ŋ	sing	19					開	有	鼻音
f	fun	20		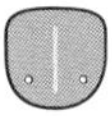	三角笛・ スライド	自然舌	閉	無	摩擦音
v	voice	21						有	
θ	thank	22			三角笛	回覧板	閉	無	
ð	the	23						有	
s	sigh	24			ハート笛	小穴	閉	無	
z	zoo	25						有	
ʃ	shut	26			ハート笛	中穴	閉	無	
ʒ	rouge	27						有	
h	horse	28			三角笛	自然舌	閉	無	
w	wave	3			ドーナツ笛	自然舌	閉	有	滑音
r	red	2		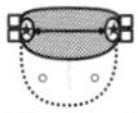	三角笛	R舌	閉	有	
j	year	29		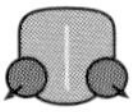	三角笛	舌ハム大	閉	有	
l	look	30			三角笛	L舌	閉	有	側音
ʧ	chair	14 ⇓ 26		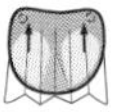	三角笛 ⇓ ハート笛	垂れ幕 ⇓ 中穴	閉	無	破擦音

ʤ	joke	15 ⇓ 27		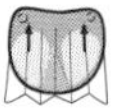	三角笛 ⇓ ハート笛	垂れ幕 ⇓ 中穴		有	

口内断面図

各音を復習しましょう。各断面図の上に書かれている番号は、音の型番号です。「**全発音記号表**」(pp.242-244) に書いてある音の型番号と照らし合わせます。

注１：下唇と下歯、そして下唇と上歯の位置関係を確認しましょう。スライドによってそこを厳密に作り「日本語連動筋」を解いてしまえば、日本人でも楽に舌を動かすことができます。

注２：断面図は口中心部分の断面です。舌横と歯の接触部分は見えません。各音の舌横の状態についても、各音のチェック項目に書かれているので、しっかり確認しましょう。

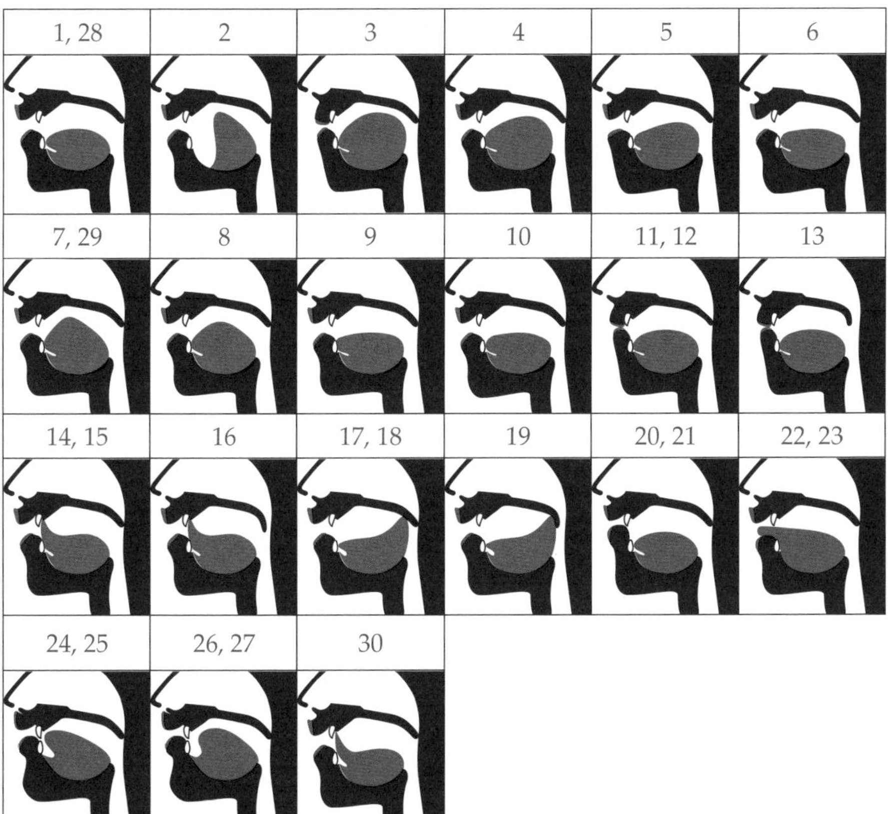

あとがき

私のニューヨークでのプライベート発音矯正セッションは、触覚、視覚、聴覚に集中し、研ぎ澄まされた時間です。この本は、日本や世界各地にお住まいの皆さまにも、本格的な英語発音改善のお手伝いができれば、という真摯な願いを込めて書きました。

本書サイトの各種テストや動画は、いつでもご自由にアクセスいただけますし、具体的な発音の悩みをお持ちの方のために、サイト内のFAQ相談室や、個人的にご相談いただけるコーナーも設けてございますので、どうぞお気軽にご利用ください。

スライドメソッドは、読者1人ひとりに対し、土壇場に使えるツールなど、実践英語発音に関する情報をできる限りオープンに提供し、必要なときにアクセスできる環境づくりに努めています。そして発展し続ける生きたメソッドを目指し、日本人の国際社会での活躍をサポートすることを、モットーにしています。

本書を終えたら、アフターケアーをフル活用

下のリストは、読者がご利用になれるアフターケアーの一部です。
すべて、https://www.slidemethod.com の「本の購入者はこちら」のページからお入りいただけます。

テスト①～⑩
ゲーム感覚で何度もトライしましょう。満点が出る頃には、日本人が知るべき英語発音のコツをすべて知り、確認できるレベルまで達したことになります。

各種音当てテスト
リスニング力を確認し、満点が出るまで繰り返しましょう。プログラム開始時には聞き取れなかった音の違いを、はっきりと聞き取れるようになっていることを実感できるようになります。

ご質問や本書へのご感想は、team@slidemethod.com にお送りください。

ここで、お世話になった方々への感謝の気持ちを書かせていただきます。

この本が世に出ることに、最も驚いているのは私自身です。著者経験もなく変わり者の私と、このメソッドの社会的意義を信じ、完成までグイグイと私を導き、的確にご指導くださった勇敢で寛容なクロスメディア・ランゲージ社の小野田社長には頭が下がります。ここまで本当に、ありがとうございました。

ナレーターとして出演してくださったローザリー・パーヴィスさんとデイヴィッド・リードさん。愉快なお２人と一緒にお仕事させていただき、とても楽しかったです。ローザリーさんは十数年前からスライドメソッドのアドバイザーとして深く関わってくださり、今後もずっと頼りにしたいお姉様的存在です（私より若いですが）。そしてスライドメソッドを科学的に証明するために奮闘し、筋ゆる先生として登場してくださった高校時代の同級生、細川晶生さん。願ってもない再会でした。

レッスンの合間に執筆のノウハウを手取り足取り教えてくださり、執筆初期のペースメーカーともなってくださった朝日新聞の板橋洋佳記者、医療分野より貴重なアドバイスをくださった声のクリニック赤坂の駒澤院長、親身になって相談に乗ってくださったアクセント・スペシャリストのアマンダ・クエイドさん、サウンドエンジニアのチャールズ・ドゥ・モンテベロさん、徳家“TOYA”敦さん、動画制作の渡辺理奈恵さん、若林佳奈さん、ストレスで倒れそうな私を様々な危機から救ってくださったグレッグ・ゴールドストンさん、松野明絵さん、塩崎のぞみさん、マイク・マリンズさん、坂口由起さん、姉川まどかさん、そして一番大変な時期に縁の下の力持ちとなり惜しみなく助けてくれた夫、家のことをほったらかしの母を優しく見守ってくれた息子にも、改めて謝意を述べたいと思います。

その他ここに書ききれないたくさんの皆様の温かい眼差しに支えられて、ここまで辿り着きました。心から感謝してやみません。

モリヤマ ハルカ

著者 プロフィール

モリヤマ ハルカ

英語の発音矯正のプロフェッショナル。「スライドメソッド」開発者。
ニューヨークにて23年にわたり「結果の出る発音矯正の駆け込み寺」として日本人に対し個人指導をしてきた実績を持つ。

英語発音矯正のプロとして個人指導した生徒は、ビジネスパーソン、アナウンサー、俳優、パブリックスピーカー、弁護士、経営者、医者、ジャーナリスト、英語教師、歌手、フライトアテンダント、留学生、主婦まで幅広く、延べ3000人以上。面接、職場、日常会話、あらゆる場面で日々、発音改善の必要性を痛感するニューヨークの日本人たちの、深刻な発音の悩みを解消してきた。

千葉県出身。高校、大学時代は舞台演劇に明け暮れ、劇団青年座実習科を経て1996年演劇留学のため単身でニューヨークに渡る。早くも英語発音の壁にぶち当たり、アメリカ人アナウンサーや俳優などに標準語発音を教える発音矯正の専門家、グリーン先生との縁を得る。以降、発音矯正の奥深さに開眼し、グリーン先生に7年間師事し、その間に免許皆伝を得る。発音矯正のプロとして活動する中、アメリカ人と日本人の口の動きの違いを研究し続け、英語発音を邪魔する日本人特有の筋肉連動を発見。その連動をゆるめるコツを体系化し「スライドメソッド」を編み出す。

長年の研究を経て開発したスライドメソッドで「口周りの筋肉を脱力する方法を一度マスターしてしまえば、一気に発音の悩みから解放される」ことが評判となる。こっそりレッスンを受講する日本人エグゼクティブや著名人も多数。現在もニューヨーク・タイムズスクエア近くにて、第一線で活躍する日本人のビジネスパーソンたちを指導している。国際的舞台に立つパフォーマー、舞台演技指導者としての顔も持つ。

スライドメソッドのホームページ：https://www.slidemethod.com

その他 登場人物 のプロフィール

筋ゆる先生　こと細川晶生（ほそかわ あきお）

東京都立大学法学部卒業。東京女子医科大学総合医科学育成コース国際統合医科学インスティテュートIREIIMS 修了。NHK学園福祉教育学科卒業、ナショナル整体トレーナー学院卒業。

数多くの肩書きを持つ奇才として多方面で活躍している。

自身の主催する細川カイロプラクティック整体院においては、専門の研究分野である顎関節や舌、頸部と自律神経・声帯との関係性を応用し、多勢のプロのボーカリスト、声優、アナウンサーなどの発声・発音の改善を導く日々を送っている。

さらに、スライドメソッドと出会い、応用を重ねることによって脳や声帯に関する驚異的な改善実績を挙げている。

一方で、フラメンコ・スパニッシュギタリストとしての顔を持ち、多くの著名アーティストとの共演は好評を得ている。メディア等への出演も多い。子どもと女性の人権に関わるNGO（NOHE）の主要メンバーとしてもワールドワイドに活動している。日本プロゴルフ協会公認スポーツ帯同トレーナー（2015～）、手技療法・代替医療・セルフメディケーション研究会 代表、第二種衛生管理者、医薬品登録販売者（東京都）、介護福祉士。その他、資格、検定、所属などは20を超える。

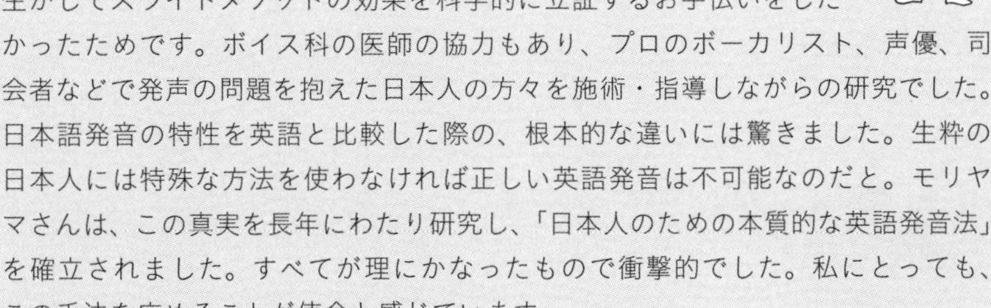

細川先生のコメント

本書内では、「筋ゆる先生」としてみなさんとご一緒しました。高校時代の同級生であるモリヤマさんの研究に参加したのは、私の専門を生かしてスライドメソッドの効果を科学的に立証するお手伝いをしたかったためです。ボイス科の医師の協力もあり、プロのボーカリスト、声優、司会者などで発声の問題を抱えた日本人の方々を施術・指導しながらの研究でした。日本語発音の特性を英語と比較した際の、根本的な違いには驚きました。生粋の日本人には特殊な方法を使わなければ正しい英語発音は不可能なのだと。モリヤマさんは、この真実を長年にわたり研究し、「日本人のための本質的な英語発音法」を確立されました。すべてが理にかなったもので衝撃的でした。私にとっても、この手法を広めることが使命と感じています。

著者の相談役 兼ナレーター（女性）

ローザリー・パーヴィス　Rosalie Purvis

1997年以来、世界中から集まる学生に演技、英語、文芸を教えている。バード大学より文芸の学士号を、ブルックリン大学より演劇演出の修士号を取得および演劇指導優秀賞を受賞。現在はコーネル大学パフォーミング・メディア芸術の博士課程に在籍中。近年はコーネル大学、ニューヨーク市立大学、イサカ大学、マルボロ大学、カルカッタのジャダプール大学などで教えている。2007年以来、著者の相談役として、スライドメソッド確立に大きく貢献する。

ローザリー先生のコメント

いわゆるネイティブ英語発音の中にも無数の訛りは混在し、ここNYでも日々外国人を混乱させています。NYタイムズを読み過去完了形を駆使する学生ですら、カフェでサンドイッチやコーヒーをオーダーできずに悔し泣きしているのです。モリヤマさんは過去に誰もしたことのない研究をしました。それは日本語と英語の発音に使われる筋肉運動を分析し、その切り替え方法をメソッド化することでした。私はこの十数年間彼女の研究の進展を見守ってきました。今後日本人がスライドメソッドを使えば、カフェで問題なくサンドイッチをオーダーできるようになるでしょう。しかしさらに重要なのは、豊かな英語社会の中で堂々と自分の居場所を手に入れられるということではないでしょうか。

ナレーター（男性）

デイヴィッド・リード　David Reid

ニューイングランドの美しい小さな街で生まれ育ち、ニューヨーク大学で演劇を学ぶ。多数の劇、テレビ、映画、オーディオブック、360度映画出演他、シェイクスピア劇団の東海岸ツアーに参加。妻、２人の子どもと、舌を巻きたくても巻けないぬいぐるみの梟と共にニューヨーク市在住。

参考文献

『A Pronouncing Dictionary of American English』Merriam-Webster
『Free Speech』(Amanda Quaid) Amanda Quaid
『Speak with Distinction』(Edith Skinner) Applause
『Speaking Clearly improving voice and diction』(Jeffrey C. Hahner, Martin A. Sokoloff, Sandra L. Salisch) McGraw-Hill
『Speaking with Skill』(Dudley Knight) Bloomsbury Methuen Drama
『The Head Neck Trunk』(John H. Warfel) Lea & Febiger
『オーレックス英和辞典』旺文社
『グランドセンチュリー英和辞典』三省堂
『ジーニアス英和辞典』大修館書店

INDEX

著者略歴

モリヤマハルカ(Haruka Moriyama)

英語の発音矯正のプロフェッショナル。「スライドメソッド」開発者。ニューヨークにて23年にわたり「結果の出る発音矯正の駆け込み寺」として日本人に対し個人指導をしてきた実績を持つ。生徒は、ビジネスパーソン、アナウンサー、俳優、パブリックスピーカー、弁護士、経営者、医者、ジャーナリスト、英語教師、歌手、フライトアテンダント、留学生、主婦と3000人以上。

1996年、演劇留学のため単身ニューヨークへ渡る。ネイティブのアナウンサーや俳優に標準語発音を教える専門家グリーン先生に師事し、免許皆伝。英語発音を邪魔する日本人特有の筋肉連動を発見し、その筋肉をゆるめるコツを体系化して「スライドメソッド」を編み出す。現在もニューヨーク・タイムズスクエア近くにて指導を続け、レッスンは常にキャンセル待ち。

スライドメソッド　https://www.slidemethod.com

●アドバイザー

細川晶生、Rosalie Purvis

ニューヨーク発(はつ)　最強英語発音(さいきょうえいごはつおん)メソッド　音声(おんせい)ダウンロード版(ばん)

2024年 2月 1日　第1刷発行

著者　モリヤマハルカ

発行者　小野田幸子

発行　株式会社クロスメディア・ランゲージ

〒151-0051 東京都渋谷区千駄ヶ谷四丁目20番3号

東栄神宮外苑ビル　https://www.cm-language.co.jp

■本の内容に関するお問い合わせ先

TEL (03)6804-2775　FAX (03)5413-3141

発売　株式会社インプレス

〒101-0051 東京都千代田区神田神保町一丁目105番地

■乱丁本・落丁本などのお問い合わせ先

FAX (03)6837-5023　service@impress.co.jp

※古書店で購入されたものについてはお取り替えできません。

カバーデザイン　竹内雄二

本文デザイン　木戸麻実

本文イラスト　坂木浩子(ぽるか)

DTP　Go Uchida、株式会社ニッタプリントサービス

編集協力　細川晶生、Rosalie Purvis、長沼陽香、松永祐里奈、山本眞音、童夏絵

ナレーション　Rosalie Purvis, David Reid, Haruka Moriyama

録音・編集　CDM Sound Studios (New York)

画像提供　iStock.com/oneinchpunch

印刷・製本　中央精版印刷株式会社

ISBN 978-4-295-40923-6 C2082

©Haruka Moriyama 2024

Printed in Japan

■本書のコピー、スキャン、デジタル化等の無断複製は、著作権法上での例外を除き禁じられています。本書を代行業者等の第三者に依頼して複製することは、たとえ個人や家庭内での利用であっても、著作権上認められておりません。

■乱丁本・落丁本はお手数ですがインプレスカスタマーセンターまでお送りください。送料弊社負担にてお取り替えさせていただきます。

この本を読んだ方にお薦めの１冊

プレゼンの必須英語表現、資料作成やプレゼンのノウハウ、オンラインプレゼンでの段取りまで

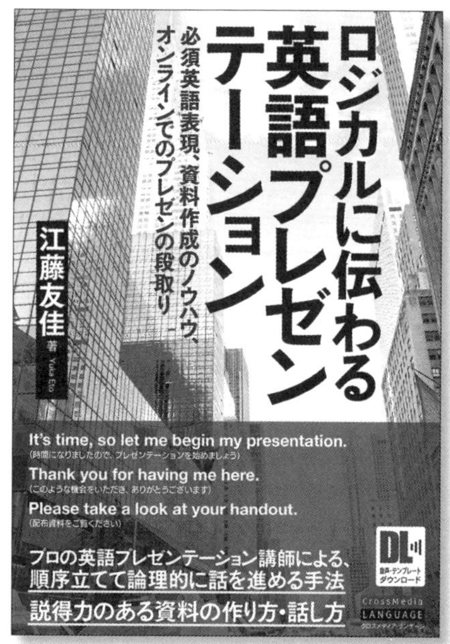

『ロジカルに伝わる　英語プレゼンテーション』

著者 江藤　友佳　定価 2,508円（本体2,280円＋税10％）

外国人向けの英語プレゼンで意識すべきノウハウを、プレゼンテーション講師の著者がまとめた本。
英語のプレゼンテーションは、話の構成力×英語力×プレゼンスキルで完成します。
本書は英語プレゼンでよく使う表現が豊富なのに加え、英語プレゼンで心得ておくべきコツもたっぷりご紹介します。
英文スライドのテンプレートをダウンロードして使えるのに加え、研修で使われるような模擬プレゼンの演習ページもあり、初心者でもプレゼンに取り組みやすい内容です。
あなたの英語プレゼンの即戦力になるのは間違いありません。音声mp3ファイル無料ダウンロードつき。